노동법이 묻고 사람이 답하다
: 현장의 이야기들

노동법이 묻고 사람이 답하다
: 현장의 이야기들

옥동진 지음

지혜와지식

서 문

우리는 종종 "법대로 하자"라는 말을 듣습니다. 하지만 정말 법대로 한다는 게 쉬운 일일까요? A 씨는 직장에서 자신이 부당하게 대우받았다고 느꼈지만, 막상 법을 꺼내 든 순간, 문제는 단순히 해결되지 않았습니다. 법을 이해하고 적용하는 일은 종종 그 자체로 또 다른 도전이 되기 때문입니다.

저는 공인노무사로 일하며 다양한 법적 갈등과 오해의 순간을 목격해 왔습니다. 때로는 법의 조문보다 그 이면의 맥락과 해석이 더 중요하게 작용하기도 했죠. 이런 경험들은 단순히 조문을 아는 것을 넘어, 실제 현장에서의 해석과 적용이 얼마나 중요한지를 깨닫게 해주었습니다.

이 책은 제가 실제로 겪었던 다양한 사례들을 바탕으로, 조금 더 읽기 쉽게 각색하여 풀어낸 에세이입니다. 예를 들어, 수습 기간 후 본채용을 거절당한 근로자의 이야기나, 상급자와 부하 직원이 서로를 직장 내 괴롭힘으로 신고한 사례처럼, 현실적이고 흥미로운 이야기들입니다. 독자 여러분은 이 책을 소설처럼 읽으면서도 노동법과 실무에 대한 통찰을 얻어 가실 수 있기를 바랍니다.

물론 법은 항상 흥미진진한 이야기만으로 구성되지 않습니다. 하지만 이 책을 통해 노동자와 사용자 모두가 '법'이라는 단어에서 느꼈던 거리감을 조금이나마 좁히고, 자신의 권리와 의무를 더 잘 이해할 수 있게 되기를 바랍니다.

이 책의 목표는 단순합니다. 첫째, 나무에게도 미안하지 않을 만큼 가치 있는 책이 되는 것. 둘째, 근로계약의 당사자와 관련자들에게 실질적인 도움을 주는 책이 되는 것입니다. 여러분이 이 책을 펼치며 한 편의 이야기로 몰입하고, 마지막 장을 덮을 때에는 작은 지혜를 얻어갈 수 있다면 저는 더할 나위 없이 기쁠 것입니다.

2025년 3월
옥 동 진

목차

01. 근로자의 이야기

1-1 헬스장 트레이너의 이야기   10

1-2 스타트업 프로그래머의 이야기   19

1-3 생애 첫 직장에서 본채용을 거절당한 근로자의 이야기   31

1-4 자리 비움으로 감봉 징계를 받은 근로자의 이야기   41

02. 회사의 이야기

2-1 직장 내 괴롭힘과 인사 담당자 이야기   55

2-1-1 늘품주식회사의 엄석대   58

2-1-2 제가 가해자라구요? 저도 피해자입니다!   79

2-3 끝나지 않는 노동청 진정 이야기   95

2-3-1 왜 저보다 무능한 사람이 제 상사인 거죠?   98

2-3-2 이게 괴롭힘이 아닐 수가 있습니까?   102

2-4 괴롭힘 행위자의 이야기   107

03. 노동법의 이야기

3-1	근로계약과 인사관리	118
3-2	직장 내 괴롭힘 예방과 대응	136
3-3	노동청과 노동위원회	144

04. 노무사의 이야기

4-1	법 조문 뒤에 있는 이야기	157
4-2	승리와 패배 사이	164
4-3	현장에서 숨쉬는 노동법과 노무사의 역할	168

01.
근로자의 이야기

노동법이 묻고 사람이 답하다

: 현장의 이야기들

01.
근로자의 이야기

1-1 헬스장 트레이너의 이야기

문이 살짝 열리더니, 예약했던 A씨가 들어섰습니다. 잔잔한 미소와 약간 앳된 얼굴이 어우러진 그녀의 모습은 사뭇 조용하고 단정했습니다. 조금 큰 흰색 가디건 소매를 손끝에 닿을 듯이 길게 늘어뜨리고, 의자에 조심스레 앉은 그녀는 손가락을 매만지며 주변을 잠시 둘러보더군요. 왠지 모를 긴장감이 얼굴에 스치고 있었습니다.

"안녕하세요, 예약해 주셨던 A씨 맞으시죠?" 인사를 건네자 그녀는 수줍게 고개를 끄덕였고, 시선을 맞추려 애쓰는 눈빛에 긴장과 호기심이 교차하는 모습이 느껴졌습니다. "어떤 일로 오셨는지 이야기해 주실 수 있을까요?" 제가 다시 물었습니다. 그녀는 잠시 머뭇거리다 작은 목소리로 답했습니다. "제가… 퇴직금을 받을 수 있을까요?" 목소리에는 확신을 얻고 싶은 마음이 담겨 있었습니다. 저는 천천히 고개를 끄덕이며 말했습니다. "퇴직금을 받으시려면, 일단 근로기준법상 '근로자'에 해당해야 해요. 혹시 어떤 일을 하고 있으신가요?"

"저는 경기도 ○○시에 있는 ○○헬스장에서 개인트레이너로 일하고 있어요. 이제 곧 퇴사를 앞두고 있는데, 3년을 넘게 일했거든요. 그래서 대표님께 다음 달부터는 일을 못 할 것 같은데 퇴직금을 받을 수 있냐고 물어봤더니, 처음엔 어렵다고 하시더라구요." 본격적으로 이야기를 시작하자 A씨의 목소리에도 힘이 실렸습니다. 그리고는 주머니에서 스마트폰을 꺼내 대표와 주고받은 문자를 저에게 보여줬습니다.

"어려우신건 알겠지만 3년 넘게 일했는데 조금이라도 챙겨 주실 수 없겠냐고 했더니, 고민해보겠다고 하더니 100만 원 정도는 줄 수 있겠다고 하더라구요. 좀 당황스러웠어요." A씨의 말대로, 대표는 문자에서 '100만 원은 어떻게든 챙겨 줘보겠다'고 말하고 있었습니다. 마치 원래 안 줘도 되는 걸, 큰 선심 써서 주는 것처럼 이야기하고 있더군요.

저는 A씨의 스마트폰을 보면서 질문을 이어갔습니다. "혹시 근로계약서는 작성하셨을까요?" 사실, 이 질문을 한다는 것 자체가 예상되는 뻔한 답이 있죠. 당연히 근로계약서를 쓰지도, 교부하지도 않았을 거라는 생각을 하면서 묻는 질문이거든요.

그런데 A씨는 다른 답을 했습니다. "뭐가 쓰긴 썼는데, 근로계약서인지는 모르겠어요. 잠시만요…" 작고 검은 백팩에서 A씨는 하얀 종이를 꺼냈습니다. [위임계약서]였습니다. 재밌는 계약서였습니다. 제목은 분명 [위임계약서]인데, 정작 내용을 보니 '근무시간'과 '임금'에 대한 내용은 물론이거니와 '무단결근 시 징계'나 '휴게시간', '휴가'까지 규정하고 있더라구요. 아마 헬스장 대표님께서 [표준 근로계약서] 내용을 거의 그대로 쓰면서 '근로자'라는 명칭만 지우고 계약서 제목을 '위임계약서'로 작성하신 것 같았습니다.

사실 여기까지만 보더라도 어느 정도 파악이 됐습니다. 하지만 정확한 판단이 빠른 판단보다 낫기에 A씨에게 다시 물어봤습니다. "혹시 출퇴근 시간이 정해져 있었나요? 기본급도 받으셨구요?" A씨는 조금 주저하면서 답했습니다. "네… 출퇴근 시간이 정해져 있기는 했는데 가끔 늦게 가거나 빨리 마쳐주실 때도 있었어요. 기본급은 월 200만 원씩 받았고, 거기에 제가 수업을 더 하는 만큼 더 받았어요." 그러면서 A씨는 다시 스마트폰으로 본인이 수업했던 스케줄표를 찾았습니다. "아, 그런데 제가 4대보험을 안 들어서요. 3.3%만 떼고 다 받았는데 그러면 근로자가 아닌 거 아닌가요?"

저는 근로기준법상 근로자에 해당하는지 여부는 <u>계약의 형식이 아니라 실질로 판단</u>한다고 답하며, 조금 더 자세한 설명을 드렸습니다. 법적으로 근로자성을 판단하는 기준은 여러 가지가 있는데, 4대보험에 가입하지 않았다고 해서 근로자성 자체가 부정되는 것은 아니라고 말이죠. "그래서 지금까지 확인된 내용들을 봤을 때, A씨는 임금을 목적으로 대표의 지휘/감독 하에서 근로를 제공한 게 분명해 보입니다. 즉, <u>근로기준법상 근로자에 해당하고 1년 이상 계속근로했기 때문에 퇴직금은 받으실 수 있어요</u>. 금액이 문젠데, 100만 원은 터무니없이 적은 금액입니다."

[위임계약서]를 자꾸 만지작거리던 A씨는 제 말이 끝나기 무섭게 저와 눈을 마주치며 묻더군요. "그러면 대략 얼마 정도 받을 수 있을까요?" A씨의 질문에 답하기 전에, 저는 먼저 퇴직금 계산의 기본 원리를 간단히 설명했습니다. "<u>퇴직금은 평균 임금의 30일분을 1년 단위로 지급</u>하는 구조예요. A씨처럼 월 200만 원의 기본급을 받았다면, 3년 동안 퇴직금을 계산하면 기본적으로 약 600만 원 정도를 받을 수 있는 셈이죠. 물론 추가 수업료를 포함한 평균임금을 기준으로 하면 금액은 더 늘어날 수 있어요." 제가 말을 마치자, A씨는 놀란 표정을 지으며 입술을 꽉 깨물었습니다. "그럼, 대표님이 말씀하신 100만 원은… 너무 적은 거네요?" 그녀는 잠시 생각에 잠겼다가 조심스레 물었습니다. "혹시 제가 이걸 어떻게 받아야 할지 구체적으로 알려주실 수 있을까요?"

저는 퇴직금도 임금의 일종이므로 노동포털을 통해 온라인으로도 진정을 진행할 수 있다고 안내했고, 필요한 서류와

절차에 대해 간략히 요약해 드렸습니다. "우선, 근로기준법 위반 사항을 정리해 제출해야 하는데요. 근무 이력을 입증할 수 있는 자료들, 예를 들어 월급명세서, 스케줄표, 그리고 지금 가져오신 위임계약서를 첨부하시면 됩니다. 특히, 문자 메시지도 중요한 증거가 될 수 있어요. 온라인으로도 간단히 접수할 수 있고, 이후 고용노동부에서 연락이 오면 진술을 보강하거나 추가 서류를 제출하시면 됩니다."

A씨는 진정을 넣는다는 말을 들었을 때 잠시 시선을 떨구더니 조용히 입을 뗐습니다. "진정을 넣는 게 정말 괜찮을까요? 제가 이렇게까지 해서 받아내면, 대표님께 피해가 가는 건 아닌지… 사실 저를 데려와 준 것도 그분이셨거든요." 그녀의 목소리는 흔들렸고, 눈가에는 미세한 고민의 흔적이 스쳤습니다.

저는 잠시 말을 멈추고 그녀의 이야기를 더 들어 보기로 했습니다. 그녀는 대표와의 첫 만남을 회상하며 말을 이어갔습니다. "원래 다른 헬스장에서 회원으로 다니다가, 그분이 독립하면서 저를 데려가겠다고 하셨을 때 정말 감사했어요. 초반에는 일이 너무 잘 풀려서 정말 행복했거든요. 그런데 점점 일이 많아지고, 수업은 늘어나는데 월급은 늘 그대로이고… 그래도 '그래, 나중엔 잘 챙겨 주시겠지' 하면서 버텼어요."

그녀는 고개를 저으며 말을 이었습니다. "하지만 제가 이렇게 퇴직금을 요구하면, 대표님은 분명 실망하실 거예요. '믿고 데려왔더니 배신했다'고 생각하시겠죠." 손가락을 꽉 쥔 그녀는 깊은 한숨을 내쉬었습니다. "그렇다고 제가 아무 말도 안 하면, 제가 3년 동안 일한 걸 이렇게 그냥 넘겨야 하는 건가 싶고요. 정말… 어렵네요."

저는 그녀가 갈등하고 있는 걸 충분히 이해했습니다. 사실, 많은 근로자들이 A씨와 같은 심리를 느끼곤 합니다. 사용자와의 관계를 생각하며 자신의 권리를 주장하는 걸 망설이지만, 그렇다고 하지 않으면 본인이 더 큰 손해를 보는 상황에 놓이게 되죠. "A씨, 대표님께 피해를 주기 위해서가 아니라 A씨의 정당한 권리를 주장하는 과정이라고 생각해 보세요. 이건 단순히 법적인 권리뿐만 아니라 앞으로의 경력에서도 중요한 원칙이 될 수 있어요."

이 말을 들은 그녀는 잠시 생각에 잠기더니 고개를 끄덕였습니다. "맞아요… 저도 사실 너무 억울했어요. 그런데 한편으론 미안한 마음이 앞서서 혼란스러웠던 것 같아요." 그런 그녀에게 저는 진정 절차와 중재 과정을 설명하며, 정당한 권리 추구가 결코 부정적인 일이 아님을 거듭 강조했습니다. "법은 A씨 같은 분들을 보호하기 위해 있는 겁니다. 대표님께서도 그 부분을 이해하셔야 해요."

A씨는 조용히 숨을 들이쉬었다가 내쉬며 다시 한 번 테이블 위에 놓인 손을 매만졌습니다. 손가락은 자신도 모르게

서로를 잡았다가 풀기를 반복했습니다. 그녀의 표정은 애써 담담해 보이려 했지만, 눈빛에는 복잡함이 스며 있었습니다. 고개를 들어 저를 보다가도 금세 테이블 위의 [위임계약서]로 시선을 돌렸습니다.

"노무사님, 제가 이렇게 하는 게 너무 이기적인 건 아닐까요?" 그녀는 갑작스레 물었습니다. "대표님도 참 고생하셨고, 사실 저한테 크게 뭐라 하신 적도 없거든요. 다른 분들한테는 더 잘해주려고 노력하셨던 것 같고… 제가 이걸로 문제를 삼으면 너무 큰 짐을 지우는 건 아닌가 싶어요."

그녀는 순간 말을 멈췄습니다. 스스로도 납득되지 않는 변명을 늘어놓고 있다는 걸 느끼는 듯했습니다. 마음 한편에서는 권리를 지키는 것이 옳다는 생각이, 다른 한편에서는 책임감을 떠넘기는 것 같다는 생각이 교차하고 있었을 겁니다.

그녀의 말은 타협점을 찾으려는 몸부림 같았습니다. 하지만 동시에 그 타협점이 자신을 더 괴롭게 만들지 않을까 두려워하는 모습도 느껴졌습니다. "그런데요," 그녀는 잠시 침묵한 뒤, 아주 조심스럽게 다시 말을 이었습니다. "제가 그냥 포기한다고 해서 마음이 가벼워질 것 같지는 않아요. 그런데 또, 제가 이걸 끝까지 한다고 해서 뭔가 완전히 해결된다고 믿지도 못하겠고요."

그녀의 한 마디 한 마디는, 어쩌면 이미 알고 있는 답을 숨기려는 핑계였을지도 모릅니다. 권리를 지키기 위해 노력하는 건 그녀에게조차 익숙하지 않은 선택이었습니다. 그러나 그녀가 포기했을 때 맞닥뜨릴 후회도 이미 충분히 알고 있었습니다. "사실, 제가 너무 고민만 하는 사람처럼 보일까 봐 부끄럽기도 해요." 그녀는 고개를 숙이며 작게 웃었지만, 그 미소는 여전히 망설임으로 가득 차 있었습니다. "결정은 결국 A씨의 몫이에요. 하지만 명심하세요. 이건 권리의 문제예요. 권리를 포기한다고 해서 상대방이 더 잘해주는 것도 아니고, 관계가 갑자기 좋아지는 것도 아니에요." 제 말에 그녀는 고개를 끄덕였지만, 여전히 시선은 테이블 위에서 벗어나지 않았습니다.

"생각 좀 더 해볼게요. 방법을 알려주셔서 감사해요." 그녀는 상담이 끝났다는 걸 암시하듯 자리에서 천천히 일어섰습니다. 떠나기 전 문 앞에서 잠시 망설이던 그녀는 돌아보지 않고 조용히 문을 닫고 나갔습니다. 문이 닫히고 난 뒤, 저는 잠시 생각에 잠겼습니다. 예링의 말처럼, '권리를 위해 싸우지 않는 것은 권리를 포기하는 것과 같다'는 사실을 A씨가 깨닫길 바랐습니다. 법은 이미 존재하고 있었지만, 그것을 실현하기 위해서는 그녀의 작은 용기와 결심이 필요했습니다.

권리를 지키기 위한 싸움은 단순히 금전적인 보상을 얻는 데서 끝나지 않습니다. 그 과정에서 우리는 스스로를 더 잘 이해하고, 다음에는 더 단단해질 수 있는 기반을 만듭니다. 저는 그녀가 자신의 권리를 향한 첫 걸음을 내딛길 진심으로 응원했습니다.

1-2 스타트업 프로그래머의 이야기

"제가 조금 늦었네요. 죄송합니다." 앳돼 보이는 상담자가 카페의 맞은편 자리에 앉으며 조심스레 말을 꺼냈습니다. 20대 중후반쯤 되어 보이는 B씨는 과하게 예의를 차리는 모습이었습니다. 실제로 그는 전혀 늦지 않았고, 5분 빨리 왔거든요. 오히려 제가 약속시간보다 10분 정도 빨리 가서 아메리카노를 마시고 있었을 뿐이었죠. B씨의 첫인상은 그야말로 선량한 사회초년생의 표본 같았습니다. 약간 헝클어진 머리, 조금 낡아 보이는 노트북 가방, 그리고 숫기 없는 표정까지. 마치 그가 온몸으로 말하는 듯했죠. '**나는 문제를 일으키고 싶지 않아요.**'

"아닙니다. 제가 빨리 온건데요, 뭘. 어떤 일로 상담 요청을 해 주셨을까요?" 저는 사람 좋은 웃음을 지으려고 노력하며 손사레를 했습니다. 커피를 주문하고 온 B씨는 조금 뜸을 들이는 듯, 혹은 망설이는 듯 하더니 조심스럽게 이야기를 꺼냈습니다. "스타트업에서 일을 했는데요…" 그의 첫마디는 힘없이 흘러나왔습니다. 마치 말을 꺼내는 것 자체가 죄송하다는 듯, 목소리는 낮고 조심스러웠습니다. "돈을 못 받은 지 꽤 됐습니다. 한 1년 반 정도요. 월급이요."

저는 그의 말을 듣고 놀란 표정을 지었습니다. "1년 반이요? 임금이 **아예** 지급되지 않은 건가요?" 그는 고개를 끄덕였습니다. "네. 대표님이 항상 '조금만 기다려 달라', '이번 달만 넘기면 된다'고 하셨거든요. 처음엔 믿었죠. 스타트업이라는 게 다들 어렵게 시작한다고 하니까. 회사도 성장하는 게 눈에 보였고, 대표님도 진심으로 저를 설득하셨으니까요."

"사실 근로계약서를 쓰기는 했습니다." B씨는 말을 꺼내며 고개를 조금 숙였습니다. 목소리는 차분했지만, 그의 손끝은 테이블 위에서 계속 움직였습니다. 커피잔을 만지작거리다 휴대폰을 쥐었다 놓기를 반복하던 그는 고개를 살짝 들어 제 얼굴을 힐끗 보았습니다. "처음 3개월 동안은 정상적으로 월급이 나왔어요. 약속했던 대로 매달 350만 원씩요." "그런데요?" 제가 묻자, 그는 말을 잇는 게 어렵다는 듯 잠시 침묵했습니다. 그러고는 다시 고개를 숙인 채 낮은 목소리로 이어갔습니다. "4개월 차부터 급여가 줄기 시작했습니다. 대표님이 회사가 어렵다면서 '조금만 기다려 달라'고 하셨거든요. 처음에는 월급의 절반 정도만 주셨고요. 그마저도 두 달 정도 지나니까, 아예 주지 않으셨습니다."

저는 고개를 끄덕이며 그의 말을 듣고 있었습니다. 그는 멈칫하며 제 반응을 살피는 듯 잠시 시선을 멈췄습니다. 마치 스스로도 말을 이어가야 할지 확신이 없는 사람처럼 보였습니다. "그때까지만 해도 믿었어요." 그가 쓴웃음을 지으며 말을 이었습니다. "스타트업이라는 게 다 어렵잖아요. 제가 맡은 프로젝트도 진행 중이었고, 회사가 성장하고 있다는 느낌도 조금은 들었거든요. 대표님도 늘 확신에 찬 말투로 설명하셨어요. '투자 유치가 곧 끝난다', '이번 달만 버티면 된다'… 저도 그런 말을 믿고 싶었고요."

그는 잠시 말끝을 흐리더니, 눈을 들어 테이블 위를 바라보았습니다. "그렇게 반년 넘게, 아무것도 받지 못했어요. 그래도 대표님은 계속 설득하셨습니다. '지금 회사가 어려운 건 다들 알고 있지 않냐', '너희만큼은 끝까지 믿고 기다려 달라'고요. 팀원들 분위기도 묘하게 그런 걸 받아들이는 쪽으로 기울어 있었어요. 제가 혼자 문제 삼으면, 괜히 팀워크를 깨는 사람이 되는 것 같아서 말도 못 하겠더라고요."

B씨는 손끝으로 테이블 위의 아메리카노 컵을 천천히 돌리고 있었습니다. 투명한 유리잔 속의 아이스 아메리카노는 이미 얼음이 반쯤 녹아서 농도가 낮아져 있었지만, 그는 한 번도 입을 대지 않았습니다. 긴장감이 그의 모든 움직임에 스며 있었습니다. "못 받은 금액을 계산해 본 적 있으세요?" 제가 조심스럽게 물었습니다. 그는 고개를 가로저었습니다. "아뇨, 정확히는 잘 모르겠어요. 월급은 350만 원으로 약속했으니까… 꽤 될 거예요. 그런데 너무 오래됐고, 솔직히 제가 그런 계산에는 약해서요."

저는 노트 한 장을 꺼내 그의 눈앞에 놓았습니다. 그리고 간단히 금액을 적어 나가기 시작했습니다. "자, 계산을 한번 해 볼게요. 매달 350만 원씩 못 받으셨고, 그게 약 1년 5개월이면 5천9백50만 원 정도입니다. 여기에 퇴직금 350만 원, 그리고 연차수당까지 포함하면…" 계산을 마친 저는 그를 바라보며 말을 이었습니다. **"전체 금액이 대략 8천만 원 정도 됩니다. 이건 최소한의 추산이고요."** B씨는 제 손끝을 따라 적힌 숫자를 천천히 쳐다보다가, 눈을 크게 뜨며 고개를 돌렸습니다. 마치 믿기지 않는 금액을 듣고 있다는 듯했습니다. "8천만 원이요?"

저는 고개를 끄덕였습니다. "맞습니다. B씨가 그동안 받지 못한 금액은 이 정도 수준이에요. 임금뿐만 아니라 퇴직금, 연차수당 같은 법적으로 당연히 받을 수 있는, 받아야 했던 금액까지 포함해서요." 그는 그제야 손으로 커피잔을 들어 올리더니, 살짝 입을 대고 천천히 한 모금을 마셨습니다. 그리고는 컵을 다시 테이블 위에 내려놓으며 작게 숨을 내쉬었습니다. "금액이 꽤 될 거라고 짐작은 했지만 구체적으로 들으니 정말 어마어마하네요…"

B씨는 테이블 위에 놓인 노트를 멍하니 바라보고 있었습니다. 제가 적어둔 숫자는 명확했습니다. 월급, 퇴직금, 연차수당까지 모두 합한 대략 8천만 원이라는 금액은 단순한 숫자 이상이었습니다. 그가 1년 5개월 넘게 밤을 새우며 코드

를 짜고, 문제를 해결하며 쌓아 올린 시간의 흔적이었습니다. "8천만 원이라니…" B씨는 혼잣말처럼 중얼거렸습니다. 그의 목소리는 낮았고, 감정을 억누르려는 듯했지만 손끝은 여전히 컵을 쥐었다 놓았다를 반복하고 있었습니다.

"많은 금액이죠. B씨가 버텨왔던 시간과 노력에 비하면 결코 과장된 숫자가 아닙니다." 제가 조심스럽게 말을 건넸습니다. 그는 조용히 고개를 끄덕이며 커피잔을 들어 천천히 한 모금을 마셨습니다. "그런데 이렇게까지 해도, 제가 이 돈을 받을 수 있을까요? 이미 회사는 끝난 것 같아요. 대표님이 도와 주실 리도 없을 것 같고요."

저는 한동안 침묵하며 그의 말을 곱씹었습니다. 이런 상황에서 근로자에게 '가능하다'고 쉽게 말하는 것은 무책임하다는 걸 잘 알고 있었습니다. 임금체불 문제는 법적으로 명확하게 권리를 주장할 수 있는 영역이지만, 현실에서 그 권리를 지키는 과정은 결코 쉽지 않습니다. "B씨, 이런 말씀 드리기 조심스럽지만, 사실 모든 금액을 다 받기는 어려울 수 있습니다. 사업장은 아직 정상 영업 중이라고 했죠? 혹시 사업장 이름을 말씀해주실 수 있을까요?" 저는 최대한 조심스럽게 물어봤지만, B씨는 답을 주저하는 듯 했습니다.

"아… 회사 이름을 말해도 되나요?" 하고 망설이던 B씨는 잠깐의 침묵 끝에 회사 이름을 얘기해줬습니다. 네이버에 검

색해보니 번듯한 홈페이지도 있고, '젊고 유능한 인재들과 함께 성장하는 비전있는 스타트업'으로 스스로를 묘사하고 있더군요. "홈페이지는 그럴듯하네요. 지금 상시 근로자 수가 15명쯤 된다고 하셨나요?" "네… 17명 정도 있는 걸로 알고 있어요." "그 분들도 **모두** 임금을 전혀 못 받고 계신가요?"

"제가 전부와 친하지는 않아서 다 알지는 못하지만, 온전하게 월급을 다 받고 있는 사람은 없다고 들었어요. 저처럼 아예 못 받는 사람들도 있고, 100만 원, 200만 원만 받는 사람도 있다고 하더라구요." "그럼 B씨가 퇴사하기 전에도 회사 상황이 크게 나아질 기미는 없었던 건가요?" 제가 조심스레 물었습니다.

"네, 전혀 없었어요. 대표님이 매번 투자 얘기를 하시긴 했는데, 정확히 무슨 계약이 어떻게 진행되고 있는지도 몰랐고요. 그냥 '다음 달이면 해결된다'는 말뿐이었어요. 동료들끼리도 '이번에는 진짜겠지'라는 말을 반복했죠. 근데 결국 아무것도 바뀌지 않았습니다." B씨는 고개를 숙이며 잠시 생각에 잠겼습니다. 그리고는 커피잔을 조용히 쥐고 한 모금을 마셨습니다. 그의 표정은 말없이 무거워 보였습니다.

"이미 회사 대표가 약식기소가 되었다고 하셨죠?" "네. 전에 퇴사한 선배 중 한 분이 진정을 넣었다고 들었어요. 그래서 지금도 대표님이 조사받고 계신 걸로 알고 있어요. 그걸로도 회사가 많이 힘들어졌다고 들었고요." 저는 잠시 고개를 끄덕이며 말을 이었습니다. "B씨, 말씀하신 대로 지금 회사가 처한 상황은 분명 어려운 상태인 것 같습니다. 하지만 법적으로는 근로자들에게 지급되지 않은 임금이 우선적으로 보호되어야 합니다. 회사가 망하지 않기를 바라는 대표님이나 동료분들의 마음은 이해하지만, B씨뿐만 아니라 동료 분들도 정당한 대가를 받으셔야죠."

그는 조용히 제 말을 듣고 있었지만, 손끝은 여전히 컵을 쥐었다 놓기를 반복했습니다. "사실 지금도 신고를 망설이는 이유가 동료들 때문입니다." 그는 고개를 들어 제 눈을 바라보며 말을 이었습니다. "저보다 더 오랫동안 버틴 분들도 있는데, 제가 진정을 넣으면 그분들이 진짜 돈을 아예 못 받을까 봐 두려워요. 회사가 망하면, 그게 다 끝나는 거잖아요. 그냥 여기서 멈추는 게 더 나은 건가 싶기도 하고요."

그의 목소리에는 깊은 혼란과 죄책감이 묻어 있었습니다. 저는 한동안 그의 말을 곱씹으며 천천히 답했습니다. "이해합니다, B씨. 사실 많은 근로자들이 비슷한 고민을 하세요. 내가 권리를 주장하면, 주변 동료들이나 회사에 더 큰 피해를 주지 않을까 걱정하죠. 하지만 지금 동료분들 상황을 보면, 회사가 망하지 않더라도 이미 임금을 제대로 지급받지 못하고 있는 상태입니다. 망하지 않기를 바란다고 해서 임금체불 문제가 해결되지는 않을 거예요."

그는 고개를 끄덕이긴 했지만, 여전히 망설이는 표정이었습니다. "사실, 이런 상황에서 국가가 마련한 제도가 있습니다. 바로 **'대지급금' 제도**인데, 옛날에는 '체당금'이라고 불렀었죠. 체불된 임금의 일부를 국가에서 대신 지급해 주는 제도예요." "대지급금이요?" 그의 눈빛에 약간의 호기심이 담겼습니다.

"네. 대지급금은 최근 3개월분의 임금 및 최종 3년간의 퇴직금을 기준으로 지급됩니다. 다만, 임금은 최대 700만 원, 퇴직금도 최대 700만 원이고 합계 1,000만 원까지만 받을 수 있어요." 그는 잠시 말을 멈추고 고개를 떨궜습니다. 그리고는 커피잔을 다시 들어 올리며 깊은 숨을 내쉬었습니다. "그렇군요. 그러면… 동료들도 이 대지급금을 받을 수 있는 건가요?"

"네, 동료분들도 같은 조건이라면 대지급금을 신청할 수 있습니다. 하지만 대지급금만으로는 모든 금액을 해결할 수 없다는 점은 염두에 두셔야 해요. 나머지 금액은 노동청 진정을 통해 회사에 추가적으로 청구해야 하거든요." 그는 고개를 끄덕이며 한동안 말없이 생각에 잠겼습니다. 그의 손끝은 이제 더는 떨리지 않았지만, 테이블 위에서 커피잔을 꼭 쥐고 있었습니다.

B씨는 괜히 커피잔을 들었다가 다시 테이블에 내려놓고, 한숨을 내쉬었습니다. 그 한숨은 긴 상담 내내 그가 품고 있

던 무거운 고민이 얼마나 깊은지 말해 주는 듯했습니다. "그럼 제가 진정을 넣으면… 대표님은 어떻게 되는 건가요?" 그는 천천히 고개를 들어 저에게 물었습니다. 그 시선에는 불안함과 죄책감이 섞여 있었습니다.

"대표님이 이미 약식기소 상태라면, 추가 진정이 들어올 경우 문제가 더 심각해질 가능성도 있습니다. 다만, B씨가 진정을 넣는 건 대표님 개인을 공격하려는 게 아니라, 법적으로 자신의 권리를 주장하는 과정이에요. 이건 정당한 행동입니다." 그는 고개를 끄덕였지만, 이내 고개를 숙였습니다. 그의 손은 테이블 위에 놓인 노트 옆을 무의식적으로 만지작거리고 있었습니다.

"사실, 제가 지금 대표님이 어떤 상황에 계신지 정확히는 몰라요. 그런데…" 그는 말을 멈추고 고개를 들어 창밖을 잠시 바라봤습니다. 창 너머로 지나가는 사람들, 그들의 분주한 발걸음을 따라가는 그의 눈빛은 어딘가 멍해 보였습니다. "그분도 처음에는 정말 열심히 하셨거든요. 저희를 모아서 회사 방향을 설명하실 때마다 진심이 느껴졌어요. '우리가 함께라면 꼭 해낼 수 있다'고 말씀하셨을 때는 저도 정말 그렇게 믿었고요. 그런데… 이렇게 돼 버렸잖아요. 제가 진정을 넣으면 대표님은 진짜 더 힘들어지실 것 같아요. 그리고 회사도요. 회사가 망하면, 동료들까지 다 피해를 보는 거 아닐까요?"

그의 목소리는 점점 작아졌습니다. 말끝은 떨리고 있었지만, 그는 애써 담담하게 말하려는 듯 했습니다. 저는 잠시 그의 말을 곱씹으며 답을 준비했습니다. "B씨, 대표님이 어려운 상황에 처하셨다는 점은 충분히 이해합니다. 그리고 회사가 계속되기를 바라시는 마음도요. 하지만 지금 회사가 망하지 않는다고 해서 동료들이 체불된 임금을 받을 수 있을 거라는 보장은 없습니다. 오히려 법적인 절차를 통해 권리를 주장하는 게 동료들에게도 길을 열어줄 수 있습니다." 그는 아무 말 없이 고개를 숙였고, 한동안 우리 사이에는 침묵이 흘렀습니다.

"진정을 넣는 게 정당하다는 건 알겠어요. 그런데 제가 그런 결정을 내리고 나면, 그 뒤로는 계속 후회하지 않을까요? '내가 이렇게 해서 모든 게 더 망가진 건 아닐까' 하는 생각이요." 그는 조용히 고개를 들며 제게 물었습니다. 그 질문에는 스스로도 답을 낼 수 없는 깊은 고민이 서려 있었습니다.

저는 그의 시선을 마주하며 차분히 말했습니다. "권리를 지키는 과정은 늘 쉽지 않습니다. 하지만 권리를 포기한다고 해서 문제가 해결되지는 않아요. B씨가 지금 고민하는 것은 단지 금전적인 문제가 아니라, 자신을 지키는 선택에 대한 문제라고 생각해요. 그건 동료들에게도 중요한 신호가 될 수 있습니다."

그는 천천히 고개를 끄덕이며 커피잔을 들었습니다. 그러나 이번에도 마시지 않고 다시 내려놓았습니다. 그의 시선은 여전히 창밖에 머물러 있었습니다. "알겠습니다. 일단 생각해 보겠습니다. 오늘 알려주신 내용이 정말 큰 도움이 됐어요." 그의 목소리는 여전히 흔들렸지만, 끝에 약간의 결심이 담겨 있었습니다.

"천천히 생각해 보시고, 결정을 내리게 되면 언제든 연락 주세요. 제가 도울 수 있는 건 끝까지 돕겠습니다." 제 말에 그는 고개를 끄덕이며 일어섰습니다. 저도 함께 자리에서 일어나 카페 문을 열고 밖으로 나섰습니다. 우리는 각자 다른 방향으로 걸어가기 위해 몇 걸음을 나란히 걸었습니다. 그러다 그는 멈춰 서서 제게 고개를 숙였습니다. "감사합니다. 정말요."

마지막으로 고개를 든 그의 얼굴에는 억지로 지어낸 듯한 미소가 있었습니다. 그러나 그 미소 아래에 깔린 슬픔은 감출 수 없었습니다. "힘내세요. 어떤 선택을 하시든, 그 선택이 B씨에게 더 나은 길이 되길 바랍니다." 저는 작게 미소를 지으며 그에게 인사했습니다. 그는 잠시 저를 바라보다가 조용히 고개를 끄덕이고는 발걸음을 옮겼습니다.

그가 점점 멀어지는 모습을 바라보며, 그가 어떤 결정을 내릴지 생각해 보았습니다. 법과 제도가 존재한다고 해도,

권리를 지키기 위한 과정은 여전히 쉽지 않습니다. 그는 자신의 선택이 옳았기를 바라는 마음으로 무거운 발걸음을 옮겼겠지요. 저는 천천히 발걸음을 돌려 지하철역을 향해 걸었습니다. 도시의 번잡한 소음 속에서도, 그의 마지막 표정이 머릿속을 떠나지 않았습니다. 애써 미소를 짓던 그 얼굴은, 고맙다는 말과 함께 어딘가 서글픈 감정을 숨기려 했던 모습으로 깊이 각인되었습니다.

피해자가 권리를 주장하기 위해 더 많은 고민을 하고, 더 큰 불안을 겪어야 하는 이 현실. 저는 이런 상황에 조금이라도 도움을 줄 수 있다는 사실이 한편으로는 보람차면서도, 또 한편으로는 참 슬펐습니다. 지하철역 입구에 도착해 발걸음을 멈췄습니다. 사람들이 분주히 오가는 모습을 바라보며 깊은 한숨이 나왔습니다. B씨와 같은 사람들이 겪는 무거운 현실을 떠올리니, 그가 느꼈을 혼란과 고립감이 저에게까지 전해지는 듯했습니다.

어쩌면 그는 집으로 돌아가는 길 내내 자신이 한 선택이 맞는지 계속 의문을 품을지도 모릅니다. 그리고 그 선택이 타인을 더 힘들게 하는 일은 아닐까 끝없이 스스로를 책망할지도 모릅니다. 하지만 저는 그가 스스로의 가치를 인정받기 위해, 자신의 시간을 지키기 위해 조금 더 나아가기를 진심으로 바랐습니다.

1-3 생애 첫 직장에서 본채용을 거절당한 근로자의 이야기

C씨와의 첫 연결은 문자였습니다. "안녕하세요. 혹시 부당해고 관련 상담을 받을 수 있을까요?"라는 짧고 간결한 메시지. 그때 저는 고등학교 친구 두 명과 경북 청송을 여행 중이었습니다. 산속 공기가 맑고 상쾌해 어디서나 여유로운 곳이었죠. 그중에서도 저희가 앉아 있던 카페는 특히 기억에 남습니다. 꽤나 고지대에 있어 산세가 장관이었는데, 마침 손님도 없어 저희 셋의 이야기 소리와 새소리만 들리는 정도였죠.

C씨의 메시지를 확인하곤 답장을 보냈습니다. "네, 제가 잠시 후 전화 드리겠습니다." 친구들에게 양해를 구하고 마당으로 나가 전화를 걸었습니다. 약간 긴장된 목소리가 수화기 너머로 들려왔습니다. "제가 정말 열심히 했거든요. 그런데 수습 평가가 너무 낮게 나와서 결국 잘렸어요." 그녀의 말엔 억울함이 짙게 묻어 있었습니다.

그녀는 경상도의 억양을 사용했는데, 서울에서 익숙해진 표준어에 비해 그 억양은 제게 친숙하고 정겨웠습니다. 경상도에서 30년 가까이 살아왔기에, 그 말투는 묘하게 신뢰감을 주기도 했습니다. 특히 그녀가 "진짜 최선을 다했어요, 진짜로요."라고 말할 때, 그 진심 어린 강조는 저를 더 몰입하게 만들었습니다.

30분간의 통화는 단순히 상황을 듣는 것을 넘어 구체적인 사실관계를 파악하는 시간이었습니다. 그녀가 입사해서 어떤 과정으로 일을 배웠는지, 수습평가는 어떤 기준으로 이루어졌는지, 상사와의 관계는 어땠는지 등 세세한 이야기를 들었습니다. 그 과정에서 그녀가 원하는 것도 명확히 알 수 있었습니다. 이미 다른 노무사님이 작성한 서면이 있었지만, 그것만으로는 부족하니 다시 검토하고 첨삭해줄 수 없겠냐는 것이었습니다.

통화는 이렇게 마무리되었습니다. "일단 메일로 서면과 관련 자료를 보내주시면 검토해보겠습니다." 그녀는 감사하다며 문서를 정리해 곧 보내겠다고 했습니다. 통화를 끝내고 난 뒤에도 그녀의 목소리와 억양, 그리고 그녀가 반복했던 "진짜 최선을 다했다"는 말이 머릿속에 맴돌았습니다.

다음날, C씨가 보낸 기존 서면을 읽으며 다시 한 번 C씨의 답답함이 이해됐습니다. 지자체의 무료 지원 사업을 통해 완성된 서면은 기계적으로 작성된 느낌이 강했습니다. 그녀가 이야기했던 억울함이나 간절함은 느껴지지 않았습니다. 내용을 다룬 문장 자체는 틀리진 않았지만, 이 문장들이 진짜 C씨의 입장을 대변할 수 있을지 의문이 들었습니다. C씨가 보내준 메일에는 서면 외에도 각종 증명 자료들이 있었는데, 그중에서도 녹음 파일이 압권이었습니다.

사실 노무사로 일하는 시간이 길어지면, 상담자나 의뢰인을 잘 믿지 않게 되는 성향도 커지는 게 일반적인 것 같습니다. 모든 사실은 주관적일 수밖에 없고, 절대적 진실이라는 건 없으니까요. 상담자나 의뢰인 중에 억울하지 않은 사람이 없습니다. 그러나 구체적 사실관계를 확인하다 보면 관점이 트이고 생각이 달라지죠.

C씨의 경우에도, 막연히 '억울할 수 있겠다' 정도로만 생각했지만 C씨와 사수 간의 대화가 녹음된 파일을 들어보고는 저까지 화가 나더군요. 파일 속 사수는 시종일관 권위적이고, 내려다보는 듯한 태도로 C씨에게 사직서를 쓰라고 강요했습니다. 설득과 협박을 오가며 1시간 내내 이런저런 말을 쏟아 내더군요. 부족한 점을 말해주면 최선을 다해서 개선해보겠다, 회사에 적응하기 위해 노력하겠다, 이 회사에 계속 다니고 싶다는 C씨에게 사수는 "아니 그래서 도대체 왜 하필 우리 회사에 다니고 싶냐", "부족한 거? 그냥 C씨랑은 그 누구도 같이 일을 할 수 없다고 한다", "사직서를 쓰고 나가는 게 우리가 해고하는 것보다 C씨에게 무조건 이득이다" 등의 이야기였습니다.

한 시간이 넘는 대화 중에 C씨는 시종일관 저자세로 조심스럽게 말했습니다. "업무적으로 부족한 부분은 말씀해주시면 바로 개선하겠다", "첫 직장이라 관계적으로도 미숙한 게 있지만 먼저 다가가서 가까워지려고 노력 중이다"라고 겨우겨우 말을 이어 나가는데도 중간중간에 사수는 그 말을 끊고, "그냥 사직서 쓰라고!"만 수십 번을 반복할 뿐이었습니다.

녹음 파일을 듣다가 기분이 좋지 않아 중간에 몇 번을 멈췄다가 다시 들었습니다. 사수 외에 팀장이나 임원, 인사 담당자와의 면담에서도 C씨는 최대한의 예의를 갖추면서 "부족한 점을 말씀해주신다면 개선하고 싶고, 계속해서 이 회사에서 성장하고 싶다"는 의사를 명확하게 밝혔지만 돌아오는 대답은 크게 다르지 않았습니다. 그나마 팀장분은 "사실 내가 봐도 C씨에게 크게 문제가 있는 것 같지는 않다. 그런데 같이 일하는 친구들이 조금 불편해하는 것 같아서 나도 고민이다."라는 식으로 얘기하더군요.

녹음 파일 속의 대화와 팀장의 발언을 떠올리며 저는 사건의 배경에 대해 더 깊이 고민하게 되었습니다. **'무엇이 C씨를 이렇게까지 힘든 상황으로 몰고 갔을까?'** 하는 의문이 가시지 않았습니다. 녹음 파일에서 들은 사수의 말투와 팀장의 애매한 태도, 그리고 팀원들의 의견을 핑계 삼은 본채용 불가 결정까지⋯ 도무지 납득하기 어려웠습니다. 사건의 전말을 보다 구체적으로 살펴보기 위해 C씨가 보내준 자료들을 다시 정리했습니다. 당시의 상황은 다음과 같았습니다.

항목	내용
최초 입사일	2023년 11월 1일
수습기간	3개월
'사건'* 발생시점	2023년 11월 중
수습평가 미달 면담	2023년 12월부터 지속
업무 미부여, 사직서 강요	2024년 1월부터 지속
해고통보일	2024년 1월 중순

*입사 초기, C씨와 상급자와 함께 진행한 실험에서 결괏값이 서로 다르게 나옴. 당시 팀장이 보고있었고, 상급자는 **'C씨가 실수 한 것 같다'**고 했으나 C씨는 **'그런 것 같지 않다'**고 말함. 팀장이 가고나서 재확인해 본 결과, 실제로 C씨의 실수가 아닌 상급자의 실수임이 확인됨. 그 날 이후로 팀원들은 C씨를 부정적으로 보았고, 큰 실수가 전혀 없었음에도 수습평가 점수를 '30점' 미만으로 매겨 본채용 기준에 미달하게 됨.

 그날의 실험 이후, 팀 분위기는 급격히 변했습니다. 팀원들은 겉으로 드러내진 않았지만, C씨와 거리를 두기 시작했습니다. 실험 결과를 재확인한 뒤 상급자의 실수임이 밝혀졌음에도, 팀원들 사이에서 C씨는 **'팀 분위기를 어지럽힌 사람'**으로 낙인 찍혔습니다. C씨는 입사 한 달도 되지 않아 **'고집이 세고 협업이 어려운'** 사람이 되어버렸습니다. 이 이야기는 순식간에 퍼져 나갔습니다.

C씨는 이러한 분위기를 바꾸기 위해 진심 어린 노력을 기울였습니다. 내향적인 성격에도 불구하고 팀원들에게 먼저 다가가 도움을 줄 수 있는 일이 있는지 물어보았고, 업무 피드백을 요청하며 협업에 적극적으로 참여하려 했습니다. 점심시간 동안 자연스럽게 어울리려고도 해보고, 관계를 부드럽게 만들기 위해 작은 선물을 준비해 팀원들에게 나누어 주기도 했습니다. 그러나 이러한 시도에도 불구하고, 팀원들 사이에서 그녀에 대한 부정적인 시선은 쉽게 바뀌지 않았습니다. 시간이 흐를수록, C씨를 둘러싼 상황은 악화되었습니다. 명확한 업무 지시는 커녕, 입사 2개월 차부터는 그녀에게 주어지는 일이 점점 사라졌고, 업무 배분에서 의도적으로 제외되기 시작했습니다.

 사직서 작성을 노골적으로 종용한 시점도 2개월 차부터였습니다. C씨는 단지 그 회사를 계속 다니고 싶었을 뿐이었습니다. C씨가 무언가 이상함을 느껴, 직접 온라인으로 노무사님께 유료 상담을 받아본 뒤 녹취를 시작한 것도 그 즈음부터였습니다. C씨가 끝내 사직서를 작성하지 않자, 회사는 수습기간 종료와 함께 '수습성적 불량'이라는 6글자를 해고사유로 적시한 해고통보서를 보냈습니다. C씨의 생애 첫 직장은 그렇게도 차가웠습니다.

 수습기간 후 본채용 거절은 일단 법적으로는 '해고'입니다. 명칭을 불문하고 근로자의 의사에 반하여 사용자가 일방적으로 근로계약을 종료 시키면 모두 '해고'입니다. 그래서 수습기간 후 본채용을 거절하는 경우에도 근로기준법 제23조 제1항의 '정당한 이유'가 필요합니다. 다만, 우리 법원은 수습기간 동안에는 '사용자에게 해약권이 유보되어 있는 상태'이므로 통상 근로자에 비해서는 해고의 정당한 이유를 넓게 인정하고 있습니다.

실제 사건에서 이 '정당한 이유'를 증명할 수 있는 가장 좋은 자료 중 하나가 바로 '수습평가표'입니다. 객관적이고 구체적인 평가 기준이 나누어져 있고 형식적으로라도 평가가 이루어졌다면, 평가 점수 미달로 본채용을 거절하는 것은 '정당한 이유'있는 해고로 판단되는 경우가 대부분입니다. 이러한 판단 논리는 '수습'제도의 취지에도 부합합니다.

다만 C씨가 억울했던 이유는, 수습기간 중 단 한 번도 구체적인 평가기준과 점수가 기재된 본인의 수습평가표를 본 적이 없다는 겁니다. 회사는 여러 차례 면담을 진행했지만 평가 점수 미달로 본채용이 거절될 것이라는 말만 반복했습니다. C씨는 수습평가표를 보여주거나, 구체적 평가 기준 중 어떤 부분이 부족한지 설명해주면 최선을 다해 점수를 잘 받을 수 있도록 노력하겠다고 여러 차례 본인의 의견을 피력했습니다. 하지만 회사는 수습평가표를 보여준 적도, 평가기준을 설명해준 적도 없었습니다.

사실, C씨는 두 명의 대리인을 거쳐 세 번째로 저희 법인과 저를 대리인으로 선임해 주셨습니다. 애초에 수습기간 후 본채용 거절 사건은 근로자가 이기기 힘든 사건입니다. 사회 초년생인 C씨에게는 착수금도 선뜻 내기 어려운 금액이구요. 저는 C씨에게 노동위원회를 통한 국선 노무사 선임을 추천 드렸고, C씨는 국선 노무사님을 선임했지만 그 분과도 소통이 충분히 이루어지지 않았나 봅니다. 결국 저는 C씨를 대리하게 되었습니다.

공식적으로 사건을 맡게 된 이상, 승률을 떠나 최선을 다하는 것은 대리인으로서의 의무이기에 최선을 다했습니다. 다행히도 C씨는 제가 작성한 이유서들에 대해 만족해 주셨고, 거듭 감사 표현을 해 주셨습니다. 덕분에 저도 더 열심히 노동위원회 심문회의를 준비했습니다.

노동위원회 심문회의 당일, C씨와 저는 일찌감치 만나 점심을 같이 먹었습니다. C씨는 매우 긴장한 듯 보였는데, 식사를 마치고 약국에 가 청심환을 사왔습니다. 심문회의는 보통 1시간 정도 진행합니다. 심문회의 분위기는 나쁘지 않았습니다. 사용자 측의 인사관리 방식이나 수습 근로자에 대한 관리 방식에 문제가 많다는 지적이 여러 차례 언급되었습니다. 사실관계에 대한 심문 마지막에는 '최후진술'을 할 수 있습니다.

1시간여 이어진 심문 내내 똑 부러지게 답하던 C씨는 최후진술을 하다가 울음을 터뜨렸습니다. 그간의 억울함과 서러움이 폭발한 것입니다. 평소 감정적이지 않은 사람들도, 최후진술을 하다가 북받쳐 오르는 감정을 주체하지 못해 눈물을 흘리는 경우를 자주 보게 됩니다. 심문회의가 끝나고, 돌아오는 차에서 C씨는 마침내 웃으며 "**승패를 떠나서 너무 후련해요. 회사에 하고 싶었던 말을 다 할 수 있어서 너무 좋았습니다. 최선을 다해 싸워주셔서 정말로 감사합니다.**"라고 말했습니다. 제가 들었던 C씨의 목소리 중에서 가장 밝은 목소리였습니다.

사실 제 마음은 그때도 편치 않았습니다. <u>수습기간 이후 본채용 거절에 대한 부당해고구제신청 사건은 근로자가 이기기 매우 어려운 것</u>이 현실입니다. 회사가 수습기간 동안의 구체적이고 객관적인 평가가 이루어졌다는 점만 증명할 수 있다면, 근로자가 이를 뒤집기 어렵습니다. 평가기준이나 평가항목 자체가 매우 형식적이었고, C씨가 본채용 기준에 미달할 정도로 잘못하지 않았다는 점을 집요하게 파고들었고 최선을 다했지만, 결과를 기대하지는 않았습니다.

노동위원회의 판정 결과는 심문회의 당일 저녁 8시에 대리인에게 문자로 통보되는데, 예상했던 대로 '기각'이었습니다. 저로서는 처음으로 '진' 사건이 되었습니다. 노동위원회 입장에서는 매우 '안전한' 판정을 내린 거죠. 대리인으로서 좋지 못한 소식을 의뢰인에게 전달할 때 그 미안함은 참 어려운 감정이더군요. "C님, 저희가 졌습니다. 저도 꼭 이기고 싶었는데, 죄송합니다."

"아.. 너무 아쉽네요. 심문회의 분위기가 좋아서 조금 기대했는데, 졌군요. 그래도 감사했습니다. 저는 사실 심문회의 끝난 것만으로도 속이 시원하고 기분이 좋아 친구와 술 한잔 하고 있었어요. 정말 고생 많으셨어요." 의뢰인에게 인정받는 것이, 노동위원회에서 인정받는 것보다 더 뿌듯할 수 있다는 걸 느꼈던 사건이었습니다. 진심과 노력을 알아주는 의뢰인을 만난 것도 행운이었습니다. 아쉬웠지만 슬프지만은 않은 밤이었습니다.

1-4 자리 비움으로 감봉 징계를 받은 근로자의 이야기

제주도에서 일하고 있는 노무사 동기 형으로부터 전화가 왔습니다. 오랜만의 연락이라 반가웠습니다. 안부와 근황을 주고받으며 잠시 옛 기억에 빠져있던 중, 동기 형이 조심스럽게 이야기를 꺼냈습니다. "혹시 의견서 하나 써줄 수 있겠어? 징계 처분을 받은 근로자가 억울해하는데, 일단 회사에 이의제기를 해보려고 해. 그래도 해결되지 않으면 노동위원회에 구제신청을 할 계획인 것 같아."

동기 형이 언급한 징계는 **감봉 처분**이었습니다. 근무시간 중 자리 비움이 이유였다고 했습니다. 흔히 일어날 수 있는 사안 같기도 했지만, 그 목소리에는 뭔가 복잡한 사연이 숨어있다는 기분이 들었습니다. '그냥 자리 비운 것만으로 감봉까지 가는 경우는 드물지 않나?' 하는 의구심이 머릿속을 스쳤습니다. 그 의구심은 곧 호기심으로 바뀌었고, 저는 흔쾌히 돕겠다고 답했습니다.

곧 동기 형이 연결해준 근로자 D씨와 첫 통화를 했습니다. 수화기 너머로 들리는 그의 목소리는 차분했지만, 억울함과 답답함이 고스란히 전해졌습니다. "노무사님, 저는 분명히 상사의 허락을 받고 자리를 비운 거였어요. 그런데 감사에서 무단이석이라고 지적당했고, 회사는 구체적인 확인도 없이 저를 감봉 징계했습니다."

사건의 경위를 하나하나 들어봤습니다. D씨는 약 7주간 총 12차례에 걸쳐 자리를 비웠습니다. 이를 시간으로 환산하면 총 13시간 42분이었습니다. 이 모든 이석은 상사의 허락을 받고 이루어진 외출이었지만, 회사의 전산 시스템에는 기록이 없었습니다. 이 회사에는 외출이나 시간 단위 연차제도가 없었기 때문입니다.

평소 D씨를 좋지 않게 보던 다른 동료가 이를 문제 삼아 내부 감사팀에 징계 요청을 했고, 회사는 전산 시스템 상으로는 자리를 비울 근거가 없다는 이유로 '무단이석'이라는 판단을 내려버렸습니다. 상사의 승인을 받았다는 D씨의 해명은 무시된 채 징계가 확정되었고, 징계 수위는 감봉 3개월이라는 다소 가혹한 결정이었습니다.

이 사건의 포인트는 명확했습니다. ①**'무단이석'이라는 징계사유가 정당했는지**, 그리고 ②**감봉이라는 처분이 과연 사회통념상 합당한 수준이었는지**가 핵심이었습니다. 감봉은 근로자의 임금을 직접적으로 감액하는 중대한 징계로, 정당성이 엄격히 요구됩니다. 근무시간 중 자리 비움에 대한 해석이 과도한 징계로 이어진 것 같았습니다.

D씨는 이미 회사 내에서 이의 제기를 진행 중에 있었습니다. 인사위원회에 재심을 청구했고, 저는 그를 위해 의견서를 작성하기로 했습니다. 그 의견서에는 D씨의 억울함과 징계처분의 부당성을 논리적으로 풀어나가야 했습니다. 법적 근거와 유사한 공공기관 사례를 찾아가며 하나하나 짚어야 했습니다.

먼저, 징계처분의 정당성을 판단하기 위한 법적 기준을 검토해 보았습니다. 일단 징계가 정당하려면, 당연히 **징계사유가 되는 비위행위의 존재 자체가 명백**해야 합니다. 그런데 D씨의 경우, 자리 비움이 상사의 승인 하에 이루어졌다면, 이를 '무단'으로 보기에는 무리가 있습니다. 무단이석이 아니라면 이를 징계사유로 삼을 수도 없는 것이죠.

또한, D씨는 회사에 20년간 성실히 근무한 근로자였습니다. 그동안 취업규칙이나 인사규정을 위반한 전력이 없었습니다. 이석으로 업무에 지장이 초래됐다는 증거도 없었고, 상사는 감사 이전까지 D씨의 행동에 대해 문제 삼은 적도 없었습니다. 그럼에도 감사 요청이 들어오자, 회사는 충분한 사실확인(즉, **과연 정말로 '무단'이석이었는지**)없이 감봉 처분을 내려버린 것이었습니다.

저는 D씨와의 통화를 마친 후, 그의 억울함을 해소할 수 있을지 걱정스러웠습니다. 회사라는 조직이 때로는 개인의 목소리를 너무 쉽게 묵살해버리곤 하니까요. 하지만 한 가지는 분명했습니다. 그의 이야기를 제대로 전하고, 억울함을 풀기 위해 최선을 다해야 한다는 것이었습니다.

D씨를 위한 의견서에는 징계처분의 부당함을 입증할 근거를 하나하나 논리적으로 풀어냈습니다. 특히 강조한 부분은 **'징계 사유가 존재하지 않는다'**와 (설령 사유가 존재한다 하더라도) **'징계 양정이 과도하다'**는 점이었습니다.

첫째, 무단이석이 아니라는 점.
D씨가 자리 비움을 할 때마다 상사에게 구두로 보고하고 승인을 받은 사실을 상세히 기재했습니다. 이석한 날짜와 시간, 그리고 어떤 사정으로 외출을 하게 되었는지 명확하게 정리했습니다. 회사의 규정상 전산 시스템에 기록을 남기지 않았을 뿐이지, 상사의 허가를 받았다는 점은 분명한 사실이었습니다. 게다가 상사 역시 감사 과정에서 D씨가 외출에 대해 사전에 보고를 했다고 진술했습니다.

둘째, 징계가 과도하다는 점.
이석 시간이 총 13시간 42분이었지만, 이를 사유로 감봉 3개월의 징계를 내린 것은 사회 통념상 과도하다는 것을 여러 판례를 통해 뒷받침했습니다. 노동위원회 판정례를 인용하며, 유사한 사안에서 감봉이 정당하다고 인정된 경우는 폭언, 성희롱, 직장 내 괴롭힘과 같이 훨씬 중대한 비위행위에 해당된다는 점을 강조했습니다. 단순한 자리 비움으로 감봉 3개월 처분이 내려진 사례는 찾아보기 어려웠습니다.

위 내용을 골자로 한 의견서를 완성한 후, D씨는 인사위원회에 재심청구를 했습니다. 그는 인사위원회 앞에서 담담하게 자신의 입장을 설명했다고 합니다. **"저는 상사에게 보고하고 외출했습니다. 20년 동안 성실히 일해 왔는데, 이런 이유로 감봉 징계를 받는다는 것이 너무 억울합니다."** 그의 목소리에는 억울함이 한껏 묻어 있었을 겁니다. 사실 저는 재심단계에서 일이 끝날 줄 알았습니다. 이 정도 사유로 이 정도 징계를 주는 경우는 잘 없거든요.

의견서를 써드리고 한 달쯤 지나서 다시 D씨에게 연락이 왔습니다. 의외였습니다. 재심 과정에서도 D씨의 해명은 받아들여지지 않았고, 징계는 그대로 유지되었습니다. 상사의 증언조차 무시된 채, 감사팀의 일방적인 판단만이 인사위원회의 결정을 좌우했습니다. 결국, D씨는 **마지막 수단으로 지방노동위원회에 부당징계 구제신청**을 하게 되었습니다.

노동위원회에 구제신청을 준비하면서, 우리는 더욱 치밀한 전략이 필요했습니다. 징계의 부당함을 입증하기 위해 사건의 경위와 사실관계를 더욱 구체화해야 했습니다. 구제신청서에는 다음과 같은 내용을 중점적으로 담았습니다.

1. 이석 내역과 상사의 승인:
- 2023년 4월 26일부터 6월 13일까지의 12차례 이석 일시와 그때마다 상사에게 구두로 보고한 내용을 정리했습니다.
- **상사가 이석을 허용했음**을 진술한 감사 기록과 대조하며, 상사의 승인 하에 이루어진 외출임을 강조했습니다.

2. 징계 양정의 부당함:
- 유사 사례 판정례를 인용했습니다. 단순 이석으로 감봉 3개월의 처분이 정당하다고 인정된 사례가 없다는 점을 강조하고, 대법원 판례를 통해 징계와 징계사유 사이의 균형을 언급했습니다.
- 감봉이 아닌 견책 수준의 징계가 적정하다는 논리를 펼쳤습니다.

3. D씨의 성실한 근무 태도:
- 20년간 성실하게 근무해 온 이력을 상세히 기술하고, 그동안 별다른 징계나 문제를 일으킨 적이 없다는 점을 부각했습니다.
- D씨가 감봉 처분 이후에도 자신의 외출 시간을 사후에 연차로 차감하겠다는 의사를 밝혔던 점도 포함했습니다.

노동위원회 심문회의 날이 다가오자, 저는 D씨와 함께 세심한 준비에 돌입했습니다. 심문회의는 D씨에게 있어 마지막 기회였기에, 저는 그가 최대한 당황하지 않고 준비된 답변을 할 수 있도록 철저히 대비하고 싶었습니다. C씨의 사건과 마찬가지로, 심문회의 3일 전에 '**심문회의 안내사항 및 예상질문 목록**'을 따로 작성해 전달했습니다. 예상질문 목록에는 징계사유인 '무단이석'에 대한 질문부터 상사의 승인 여부, 외출 당시의 상황 설명, 그리고 회사 규정상 허점에 대한 답변 준비 등의 내용이 포함되어 있었습니다.

"선생님, 심문회의에서 가장 중요한 것은 차분하게 사실을 전달하는 것입니다. 공익위원들은 회사와 근로자 양측의 이야기를 모두 듣고 판단할 겁니다. 예상되는 질문들은 제가 모두 정리해 드렸으니 숙지하시고, 어디까지 답변하고 어떻게 답변할지 고민해보시면 좋겠습니다." D씨는 전화 너머로 말했습니다. "노무사님이 계셔서 마음이 든든합니다. 저도 최선을 다해보겠습니다."

심문회의는 오후 2시에 예정되어 있었고, 우리는 일찍 만나 점심식사를 함께 하기로 했습니다. 저는 D씨와 그 동네에서 유명하다는 식당에서 마주 앉았습니다. 회사에 20년을 바친 그에게 오늘은 말 그대로 중요한 하루였습니다. 점심 메뉴는 간단한 국밥이었지만, 두 사람 모두 숟가락이 자주 멈추곤 했습니다.

"노무사님, 사실… 제가 처음 이 회사를 들어왔을 때만 해도 얼마나 기뻤는지 몰라요. 첫 출근 날 들떠서 출근하던 그 모습이 아직도 생생합니다." D씨의 말은 천천히 이어졌습니다. 그는 식사 도중에도 천천히, 한 마디 한 마디를 고르고 있었습니다.

"20년을 일하면서 부족하지만 제 일에 최선을 다했습니다. 크지 않았던 회사에서 혼자 이런저런 일을 맡다 보니 회사가 제 삶 그 자체가 된 거죠. 그런데 이제 와서 이런 식으로 징계를 받고 나니, 정말… 청춘을 바친 회사가 이렇게 쓸쓸하게 등을 돌리게 될 줄은 몰랐습니다." 그의 말에는 깊은 한숨과 함께 묵직한 서운함이 묻어났습니다. D씨는 조용한 사람이었지만, 이 순간만큼은 그가 지난 세월을 얼마나 소중히 여겼는지 느낄 수 있었습니다. 그가 젓가락을 내려놓으며 힘겹게 말을 마쳤습니다.

"노무사님, 오늘 **어떤 결과가 나오든** 제 억울함을 직접 말할 수 있어서 다행이에요."

식사를 마치고 커피를 한 잔 한 뒤 노동위원회로 향했습니다. 심판정은 항상 딱딱하고 긴장감이 감도는 공간입니다. 공익위원과 근로자위원, 사용자위원들이 자리에 앉고, 심문회의가 시작되었습니다. 저는 대리인석에 앉아 D씨 옆을 지켰고, 준비한 서류들을 계속 훑어보고 있었습니다.

공익위원들의 질문은 예상했던 범주를 벗어나지 않았습니다. **"외출 당시 상사의 승인을 받았다는 근거가 있나요?"**, **"왜 전산 시스템에 기록을 남기지 않았나요?"** 등 이미 답변이 준비된 질문들이었기에 D씨도 차분하게 답변했습니다. **"상사에게**

는 항상 구두로 보고했습니다. 회사 전산 시스템에 기록을 남기지 못한 건 제 잘못이지만, 애초에 외출 제도가 있었다면 그렇게 했을 것입니다." 그의 목소리는 흔들림이 없었고, 그동안 준비한 내용을 차분하게 전달했습니다. 공익위원들도 그의 진솔한 태도에 귀를 기울였습니다.

하지만 심문회의의 마지막, 최후진술의 시간이 되자 예상치 못한 일이 벌어졌습니다. 평소 차분하고 조용하던 D씨가 자리에서 일어나 입을 열자마자 목소리가 떨리기 시작했습니다. "저는… 이 회사에서 제 청춘을 바쳤습니다. 20년 동안 정말 열심히 일했습니다."

말을 이어가려 했지만 목소리가 점점 가라앉더니 결국 울음이 터져버렸습니다. 그 순간 심판정은 정적에 휩싸였습니다. D씨는 말을 잇기 위해 노력했지만 북받치는 감정을 억누를 수 없었습니다.

"물론 제가 아무런 잘못을 하지 않았다는 건 아닙니다. 하지만 이런 식으로 회사가 저를 몰아세우는 게 너무… 너무 슬픕니다. 구두 승인을 받고 나가도 문제가 된다는 걸 알았다면 결코 그렇게 하지 않았을 겁니다." 제 옆자리에서도 D씨의 울음소리가 고스란히 들렸고, 저 역시 마음이 무거워졌습니다. 오랜 시간 자신이 헌신했던 회사에서 배신감을 느꼈을 D씨의 마음이 그 순간 모두에게 전달되는 듯했습니다.

심문회의가 끝난 후, 우리는 회의장을 나와 한동안 말없이 서 있었습니다. D씨는 얼굴을 닦으며 힘겹게 웃어 보였습니다. "노무사님, 죄송합니다. 감정을 참지 못했네요." "아닙니다, D씨. 오늘의 진심은 꼭 전달됐을 겁니다. 정말 고생 많으셨습니다."

그날 저녁, 저는 결과를 기다리며 8시가 가까워질수록 괜히 초조해졌습니다. 결과 통보는 항상 긴장되는 법인데, 누군가를 대신해서 싸워준 사람 입장에서는 긴장이 배가됩니다. 믿고 맡겨 주신 만큼 최선을 다한 것은 맞지만, 그것이 꼭 원하는 결과로 이어지는 것은 아니니까요. 집 근처 편의점에서 맥주 한 캔과 과자 한 봉지를 샀습니다. 좋은 기분으로 마시게 될지 슬픈 기분으로 마시게 될지는 알 수 없었지만, 싸움이 끝나는 순간 스스로에게 주는 작은 선물이었습니다.

몸과 마음을 가다듬고 결과를 천천히 확인하기 위해, 일부러 8시 직전에 샤워를 시작했습니다. 씻고 나와 편한 옷을 입은 채 경건한 마음으로 휴대전화를 확인했습니다. 화면을 켜자마자 문자 한 통이 눈에 들어왔습니다.

"[Web발신] [제주지노위] 금일 진행된 심판사건 판정회의에서 근로자의 신청을 '인정'하였음을 알려드립니다."

큰 한숨이 나왔습니다. '다행이다'라는 생각이 가장 먼저 들었습니다. 곧바로 D씨에게 전화를 걸었습니다. 신호가 울리자마자 D씨의 목소리가 들렸습니다. 연락을 기다리고 계셨던 것 같았습니다. "노무사님?"

"저희가 이겼습니다, 선생님. 다행입니다." 한동안 수화기 너머로 아무 소리도 들리지 않았습니다. 그리고는, 떨리는 목소리로 D씨가 말했습니다. "휴… 정말 다행이네요. 노무사님, 감사합니다. 정말 수고 많으셨습니다. 다행이에요…" "선생님도 정말 고생 많으셨습니다. 믿고 협조해주신 덕에 이길 수 있었습니다. 그동안 마음고생 많으셨을 텐데, 오늘만큼은 푹 쉬세요." "감사합니다, 노무사님!"

그날 밤, D씨의 목소리는 그동안의 모든 서러움을 씻어낸 것처럼 한없이 가벼워 보였습니다. 결과를 기다리며 느꼈던 초조함과 긴장감은 기쁨과 안도감으로 바뀌었습니다. 노무사로서 가장 보람되고 행복한 순간 중 하나가 바로, 이긴 사건 결과를 의뢰인에게 전달할 때입니다.

넷플릭스에 들어가 '8월의 크리스마스'를 틀고, 얼려둔 유리잔에 맥주를 따랐습니다. 가족들과 함께 좋은 소식을 나누고 있을 D씨를 생각하면 저 또한 미소가 지어졌습니다. 아름다운 밤이었습니다.

02.
회사의 이야기

노동법이 묻고 사람이 답하다

: 현장의 이야기들

02.
회사의 이야기

2-1 직장 내 괴롭힘과 인사 담당자 이야기

사람들이 생각하는 '괴롭힘'과 근로기준법상 '직장 내 괴롭힘'의 정의 및 요건 사이의 간극은 정말 큽니다. '직장 내 괴롭힘을 경험한 적 있다'는 직장인이 전체의 75%가 넘는다는 설문조사는 2019년부터 매년 나오고 있습니다. 하지만 과연 우리나라 직장인의 75%가 근로기준법상의 '직장 내 괴롭힘'을 당했다고 단정할 수 있을지는 모르겠습니다. 노동법 강의를 할 때마다 농담 반 진담 반으로 항상 하는 말이 있죠.

"아침에 출근하게 하는 것도 '괴롭히는 거' 아닌가요? 직장 생활을 하면서 주관적으로 괴로움을 느낄 수는 있지만, 그 모든 게 근로기준법상의 '직장 내 괴롭힘'은 아닙니다."

근로기준법에서는 제76조의 2와 3에서 '직장 내 괴롭힘'의 정의와 조사 및 조치 의무를 규정하고 있는데요. 근로기준법상의 '직장 내 괴롭힘'이 되려면 '①우위성, ②업무상 적정범위 초과, ③신체적 정신적 고통으로 인한 근무환경 악화'의 세 가지 요건이 모두 충족되어야 합니다. 그리고 이 요건이 충족되는지 여부는 회사가 조사하고 판단하도록 하고 있습니다. 회사의 대표가 직접 괴롭힘 행위를 하는 등 객관적 조사 및 조치를 기대하기 어려운 경우에 한해서 노동청이 직접 조사를 할 뿐이죠. 즉, 처음부터 노동청이나 노동위원회가 직장 내 괴롭힘 여부를 판단하는 것은 아니라는 겁니다.

근로자 입장에서는, 회사가 공정하게 조사를 하지 않고 은폐하거나 축소할 것이라고 의심할 수도 있습니다. 실제로 그렇게 하려는 회사도 있을 겁니다. 다만 일반적으로는 회사도 굳이 그렇게 할 이유가 없는 것도 사실입니다. 조사나 조치 과정에서 문제가 있다면 결국 노동청에서 회사에 재조사를 요청하거나 직접 조사를 할 수도 있기 때문이죠. 그래서 사건을 조사하는 인사 담당자나, 저희 같은 외부 조사위원 입장에서는 최초 신고인으로부터 최소한의 신뢰를 먼저 얻어야 합니다.

사실, 회사의 의뢰를 받아 조사를 들어가게 되면 최초 면담에서 항상 재밌는 일을 경험합니다. 신고인은 신고인대로, 피신고인은 피신고인대로 불만과 불신을 표하는 경우가 많습니다. 외부 조사위원에게도 이런 태도라면 내부 인사 담당자에게는 더더욱 불신이 크겠죠. 실제로 직장 내 괴롭힘은 최근 인사 담당자 분들이 가장 힘들어하는 영역이기도 하구요.

앞으로의 이야기는 단순히 사건의 전말을 나열하는 것이 아닙니다. 직장 내 괴롭힘이라는 복잡한 문제를 어떻게 파악하고, 해결책을 찾아 나가는지에 대한 기록입니다. 회사의 인사팀과 고충처리 담당자가 직면한 현실적 고민, 그리고 그 속에서 균형 잡힌 판단을 내리기 위한 노력의 과정을 따라가 보겠습니다. 실제 사례이지만 당사자가 특정되지 않도록 가상의 배경을 설정했습니다.

2-1-1 늘품주식회사의 엄석대

생산 현장은 그 자체로 압도적입니다. 수십 미터 높이의 크레인들과 광활한 작업 공간, 그곳을 가득 메운 용접 불꽃과 굉음은 이 공간이 얼마나 역동적이고 위험하며, 동시에 정밀한 작업이 필요한 곳인지 말해줍니다. 그러나 이런 거대한 구조물만큼이나 복잡하고 다루기 어려운 것이 있다면, 그것은 사람들 사이의 관계일 것입니다. 특히 생산 현장에서의 갈등은 단순히 개인적인 문제를 넘어 팀 전체의 분위기와 업무 효율성에까지 영향을 미칠 수 있습니다.

이번 이야기는 생산 현장에서 발생한 직장 내 괴롭힘 사건을 인사 담당자 입장에서 다룹니다. 이 사건의 핵심은 두 가지였습니다. 첫 번째는 한 반장(A)이 부하 직원(B)으로부터 폭행과 폭언으로 신고를 당한 사건. 그리고 두 번째는 이 부하 직원(B)이 자신이 괴롭혀 온 다수의 다른 동료들(C 외 다수)로부터 신고를 당한 사건입니다. 신고가 서로 맞물려 있는 독특한 구조였고, 이를 해결하기 위해 회사는 신중한 조사와 판단을 내려야 했습니다.

특히 이 사건은, 회사 입장에서 '직장 내 괴롭힘'이라는 민감한 주제를 어떻게 다루어야 하는지, 그리고 갈등의 중심에 있는 '신고인이면서 피신고인인' B를 어떻게 처리해야 하는지에 대한 깊은 고민을 요구했습니다. 사건의 당사자들은 각자의 억울함을 표출했지만, 회사는 법적 기준과 현장의 현실 사이에서 균형을 잡아야만 했습니다.

A반장과 B반원

늘품주식회사의 생산 현장에서 20여 년간 근속한 **A반장**은, 평소 부하 직원들과의 관계가 원만한 사람이었습니다. 둥글게 지내고, 좋은 게 좋은 거라고 생각하는 사람이었기에 오랜 기간 근속하면서도 특별한 문제나 사건 사고를 일으킨 적 없이 회사를 잘 다닐 수 있었습니다. 덕분에 용접 현장의 반장까지 할 수 있었죠. 반장이 되고 나서도 1년 정도는 별다른 문제가 없었습니다. **업무 지시를 할 때도 가급적 부드럽게 얘기를 했고, 시끄러운 작업 현장에서도 크게 소리를 지르는 경우는 없었습니다.**

A반장은 아래로 총 6명의 직원을 관리했습니다. 그 중 **B반원**은 A반장 다음으로 근속 연수도 길었고(15년 근속), A반장과 나이 차이도 가장 적었습니다. 그러나 둘은 친하지 않았습니다. **A반장과 B반원의 성향이 너무 달랐기 때문입니다.** B반원은 호탕한 성격이었고, 현장에서 매일같이 소리를 지르면서 소통했으며, 친하다고 생각하는 다른 **반원들에게는 친근감의 표시로 일상적으로 욕을 하는 사람**이었습니다.

A반장은 B반원이 썩 마음에 들지는 않았지만, 반장인 본인을 직접 건드리는 일은 없었기에 관리도 하지 않았습니다. B반원이 부반장 행세를 하면서 다른 반원들, 특히 근속 연수가 짧고 나이도 어린 반원들에게 욕설(X발, X끼 등)과 폭행(엉덩이를 세게 때리거나, 안전모를 쓴 뒤통수를 치는 등)을 했지만 **모르는 척, 못 본 척**했습니다.

　B반원도 A반장이 답답했습니다. 일을 처리하는 방식도 마음에 안 들었고, 반원들에게 시원시원하게 말도 잘 못하는 것 같아서 시간이 지날수록 A반장은 반장감이 아니라고 생각했습니다. 그리고 **자기가 그 반의 반장이 되어야 한다고 생각**했죠.

🌿 사건의 날

　그러던 어느 날, A반장은 반의 막내인 C반원에게 작업 순서와 방법을 알려주고 다시 자기 자리로 돌아가려고 했습니다. 그런데 A반장이 돌아오는 찰나에 B반원이 갑자기 C반원에게 다가가 <u>안전모를 강하게 때리며 "야 이 새X야! 그렇게 하는 거 아니야! 그거 그렇게 하면 안 돼!"</u>라고 소리 쳤습니다. A반장은 놀라서 가던 길을 멈추고 돌아서서 B반원과 C반원 쪽을 쳐다봤습니다.

　그 순간 <u>B반원이 빠르게 A반장을 가로질러 가면서 어깨로 A반장을 툭 치고 지나갔습니다</u>. 다른 반원들은 5m정도의 거리에서 이 모습을 지켜보고 있었구요. A반장은 순간적으로 너무 화가 났습니다. 막내인 C반원뿐만 아니라 다른 반원들도 보고 있는데 자신을 완전히 무시하는 B반원의 행위에 수치심을 느꼈습니다.

A반장은 B반원의 목을 팔꿈치로 밀어서 가까운 벽까지 밀어붙였습니다. B반원은 상당히 놀랐습니다. A반장이 직접적으로 물리력을 행사하는 것은 본 적도 없고, 예상하지도 못했기 때문입니다. **A반장은 화가 풀리지 않았고, B반원의 목을 팔꿈치로 고정시킨 채로 벽에 밀치고 10초 가량 노려보았습니다.** A반장은 너무 화가 나서 무슨 말을 해야 할지도 몰랐습니다. 그저 "X발!" 이라고 소리를 쳤을 뿐입니다.

B반원은 눈이 커진 채로 A반장을 응시했습니다. 너무 놀란 나머지 아무런 대응을 하지 못했습니다. 그리고 황급히 C반원 및 다른 반원들을 둘러보았습니다. 곧 A반장은 팔꿈치를 풀고, 본인도 본인의 행위에 놀란 듯 아무런 말도 없이 자기 자리로 돌아가버렸습니다. **B반원은 곧 이것이 기회라고 생각했습니다.**

소문의 시작
늘품주식회사는 규모가 큰 회사였지만, 그만큼 작은 소문도 빨리 퍼지는 곳이었습니다. A반장과 B반원 간의 충돌 사건은 엄청나게 빠른 속도로 퍼졌습니다. A반장에 우호적이었던 사람과, 별다른 감정이 없었던 사람은 각자 조금씩 각색해서 본인의 경험담을 친한 다른 반의 동료들에게 늘어놓았습니다. 사람 한 명 한 명을 거칠 때마다 이야기는 더 다채로워지고 구체적으로 변해갔습니다.

A반장이 먼저 B반원에게 쌍욕을 했다거나, B반원이 먼저 A반장을 때리고 지나갔다는 둥 소문은 걷잡을 수 없이 커져갔습니다. 이 사건에 대한 소문이 관리자의 귀에 들어가는 데에는 24시간이 채 걸리지 않았습니다. 관리자는 고심했습니다. '요즘 직장 내 괴롭힘 때문에 문제도 많다고 하는데 혹여라도 누가 신고를 하면 어떡하나' 하는 생각에 선제적으로 대응하기로 했습니다. 본인이 직접 신고를 하는 것이었습니다.

다행히 늘품주식회사에는 고충처리팀이 있었고, 관리자는 그 팀에 직장 내 괴롭힘 신고를 했습니다. 직장 내 괴롭힘 신고는 '누구든지' 할 수 있기 때문에 문제는 없었습니다. 그런데 신고 내용이 특이했습니다. **두 건을 동시에 신고**했거든요.

**A반장이 B반원에게 부적절한 행위(폭력)를 했다는 것과,
B반원이 C반원을 비롯한 다수의 반원들에게 평소 폭언 및 폭행을 했다**는 것이었습니다.

관리자 입장에서는 고민에 고민을 거듭하다가 선택한 결정이었던 겁니다.

사건 조사

늘품주식회사의 고충처리팀은 고민에 빠졌습니다. A반장과 B반원이 모두 각각 신고인과 피신고인이 되었는데, 정작 신고한 사람은 상위 직급의 관리자였으니까요. 근로기준법에 따라 조사를 하기는 해야 하는데 어디서부터 어떻게 할지 감이 오지 않았습니다. **제가 사건을 맡은 것은 이 시점부터**였습니다.

일단 두 사건을 별개의 사건으로 정리해야 했습니다. 왜냐면, 서로의 문제되는 행위가 전혀 다른 것이었기 때문입니다. 만약 동일한 행위에 대해서 서로가 괴롭힘이라고 신고를 했다면 또 다른 방식으로 사건을 처리했을 겁니다.

가장 먼저 분리 조치를 시행했습니다. A반장과 B반원, 그리고 B반원과 나머지 반원들 간의 물리적 분리가 이루어져야 했습니다. 직장 내 괴롭힘 행위가 일단 멈춰져야 하기 때문에, 저는 인사 담당자 및 고충처리담당자와 함께 어떻게 분리를 할지 고민했습니다. A반장과 나머지 반원들 사이에는 괴롭힘이 발생하지 않았기에, B반원의 동의 하에 B반원만 임시로 다른 부서로 이동시켰습니다. B반원을 설득해서 동의를 받는 과정은 물론 순탄치 않았습니다.

본 사건의 신고인은 제3자였고 해당 사건에 대해서 직접 목격하지도 않았기에, 면담 조사를 진행하지는 않았습니다.

대신 자세하게 작성되어 있는 신고서를 확인하고, 기본적인 사실관계와 확인해야 할 사항들을 정리했습니다.

다음으로 **B반원에 대한 면담 조사**를 시작했습니다. B반원에게 전화를 하기 전에도 걱정이 되기는 했습니다. 이미 B반원이 평소에 얼마나 많은 부적절한 행위들을 수시로 하고 다니는지 파악이 된 상태였기 때문이죠. B반원은 괴롭힘 조사를 한다는 말을 듣자마자 목소리가 커졌지만, 조사 자체에 불응하지는 않겠다고 했습니다. 그리고 본인도 외부 노무사에게 상담을 받아서 방어하겠다고 으름장을 놨습니다.

저는 차분하게 절차를 설명 드리고, 외부 전문가의 도움을 받는 것도 물론 가능하며 오히려 권장한다고 말씀드렸습니다. 그러나 B반원은 각종 변명을 대며 조사가 어렵다고 둘러댔습니다. 저는 B반원에게 조사에 성실하게 응하시는 것이 오히려 본인을 방어할 수 있는 가장 좋은 방법이라고 진심을 다해 설득했고, 세 번의 통화 끝에 결국 B반원과의 첫 면담 조사 일정을 잡을 수 있었습니다.

B반원과의 면담은 저도 꽤나 긴장됐습니다. 어떤 돌발 행동을 하더라도 이상하지 않을 사람처럼 보였기 때문이죠. 나름대로 철저하게 준비한 질문지를 가지고, 약속된 회의실에서 B반원이 들어오기를 기다렸습니다. 13시 정각에 보기로 했지만, 13시가 지나도 B반원은 소식이 없었습니다. 10분 정

도가 지나서 전화를 해보려는 찰나에 멀리서 큰 통화 목소리가 들려왔습니다.

"아 내가 지금 바빠서요! 무슨 조사를 한다네요? 조금 있다가 전화 드릴게요!"

실제로 전화를 한 것인지는 잘 모르겠습니다. 왜냐면 열린 문 사이로 얼핏 보였던 B반원의 휴대전화는 화면이 켜져 있지 않았거든요.

B반원은 역시나 목소리가 상당히 컸습니다. 문을 열고 들어온 그의 모습도 예상한 것과 크게 다르지 않았습니다. 반쯤 열려 있는 작업복의 지퍼와 삐딱하게 기울어진 안전모. 그는 과장된 행동으로 휴대전화를 주머니에 다시 넣고, 선글라스를 한 손으로 휙 벗더니 오른손을 내밀며 말했습니다.

"안녕하십니까~ 저랑 통화하셨던 노무사님입니까?"

작은 회의실이었지만 그의 목소리는 쩌렁쩌렁했습니다. 저는 간단하게 악수를 하고, 조사 개요와 방법에 대해 설명했습니다. B반원은 가져온 노트를 꺼내더니, 계속해서 무언가를 열심히 적었습니다. 저는 일부러 무시하고 절차를 진행했습니다. 가장 먼저 비밀유지서약서를 보여주면서 사인을 요청했습니다. 조사 대상자 전원에게 일괄적으로 받는 서류이고, 조사 내용에 대해서 제3자에게 발설하지 않겠다는 내용이라는 메마른 안내를 했습니다. 그러자 B반원은 고개를 갸우뚱하더니 이렇게 말했습니다.

"아니 그런데 제가 얘기를 안 해도 이게 누가 알 수도 있잖아요. 그리고 뭐 언제까지 비밀을 해야 합니까? 죽을 때까지 누구한테도 얘기하면 안 됩니까? 술 마시다가 친구랑 얘기해도 안 되고 아내하고 얘기해도 안 되고 뭐 그런 겁니까?"

조사가 순탄치 않을 것은 예상했으나 비밀유지서약부터 태클을 걸 줄은 몰랐습니다. B반원은 저를 불신하기로 작정한 듯 했습니다. 저로서는 일단은 신뢰를 얻어야 조사가 가능했기에 다시 한 번 천천히 설명을 했습니다. 특히 이 모든 절차에 불응하거나 불성실하게 응하는 건 결코 본인에게 도움이 되지 않는다는 점을 강조했습니다. 오히려 협조적으로 솔직하게 진술해주고 궁금한 것을 물어보면 도와주겠다고 했습니다.

B반원은 자신을 도와주겠다는 말을 듣고 눈빛이 조금 바뀌었습니다. 그러나 아직 불신이 사라진 건 아니었습니다.

"그럼 저 밖에 노무사님한테 상담받고 와도 되나요?"

"그럼요. 얼마든지 가능합니다. 다만 무료 상담은 별로 도움이 안 될 겁니다. 실질적으로 도움이 되는 상담을 원하시면 가까운 노무법인에 찾아가서 유료 상담을 받아 보시기 바랍니다."

"아~ 예~ 알겠습니다~ 제가 그러면 다음 면담 전에 유료 상담을 꼭 받고 오겠습니다~"

여기까지 이야기하고 나서야 B반원과의 조사를 시작할 수 있었습니다. 일단 이 사건은 별개의 두 사건이기에 B반원이 피해자로 지목된 사건을 먼저 조사했습니다. B반원은 흥분해서 그 날 있었던 A반장의 행위를 열심히 진술했습니다.

"A반장이 저를 그냥 죽일듯이 노려봤습니다. 멱살을 잡고 벽에 워낙 세게 밀치는 바람에 안전모가 땅에 내동댕이쳐졌어요. 그러고는 저한테 10분 동안 쌍욕을 해대더라구요. 진짜 무서웠습니다."

B반원은 진심으로 열심히 진술했습니다. 그날의 행위를 몸으로 보여주겠다며 자리에서 일어나 각종 포즈를 취하고, 욕까지 재현하겠다면서 소리를 지르며 욕을 했습니다. 저는 그렇게까지 하실 필요는 없다며 진정시켰고, 해당 행위를 직접 목격한 참고인이 누가 있는지 확인했습니다. 그리고 이어서 B반원이 행위자로 지목된 사건에 대해 조사를 시작했습니다.

역시나 B반원의 태도는 돌변했습니다. 모든 질문에 대해 질문이 끝나자마자 "모르겠습니다~", "기억이 안 납니다~"를 반복할 뿐이었습니다. 그러고는 갑자기 전화가 왔다며 전화를 들고 <u>"아! 지금 뭐 하고 있다고요! 나중에 전화할게!"</u>라며 소리를 질러 댔습니다. 조사자인 저는 솔직히 무서웠습니다. 이 사람이 더 흥분했다가는 무슨 돌발 행동을 할지 몰랐으니까요.

해당 상황을 어떻게 통제해야 할지 고민하던 저에게 B반원이 갑자기 "저 잠시 통화 좀 하고 오겠습니다!"라고 소리를 치며 회의실을 나가버렸습니다. 그리고 10분, 20분, 30분이 지나도 B반원은 돌아오지 않았습니다. 전화를 해보려는 찰나 B반원에게서 전화가 옵니다.

"죄송한데 현장에 급한 일이 생겼네요~ 오늘 조사는 못 하겠습니다~"

이 시점에서는 저도 더 이상 B반원을 절차적으로도 돕고 싶다는 마음이 사라졌습니다. 그래서 그냥 알겠다고 했고, 취업규칙과 근로기준법에 따라서 진행하겠다고만 안내했습니다. 더 이상 B반원 때문에 조사가 지체되어서는 안 된다는 생각도 했습니다.

🌿 그 날의 진실

C반원은 이 사건의 핵심 참고인이었습니다. 중요한 사건의 중심에 있었고, 가장 가까이에서 A반장과 B반원 간 충돌을 목격했기 때문이죠. 그리고 C반원은 평소에도 B반원으로부터 폭행 및 폭언을 당했던 경험이 여러 차례 있기도 했습니다. 스물 다섯 정도로밖에 보이지 않는 앳된 외모의 C반원은 누가 봐도 신입사원처럼 보였습니다. 아직까지는 현장에서 오래 있지 않아서인지 흰 피부를 갖고 있었습니다.

조사자인 저는 **내심 C반원이 A반장에게 유리하게 진술하지 않을까** 하고 예상했습니다.

그러나 제 예상은 보기 좋게 빗나갔습니다. C반원은 차분하고 조곤조곤하게 진술했는데, A반장에 대해서도 문제가 있다고 분명하게 얘기했습니다. 별다른 감정 없이 진술했지만 괴롭힘 행위가 지속되는 것을 방치한 A반장에게도 분명 책임은 있다고 여러 차례 말하더군요. '**A반장이 직접 부적절한 행위를 한 적은 없지만 관리자로서 책임은 져야 한다**'고요.

C반원 조사 이후에도, 해당 반의 모든 반원들에 대해 각각 참고인 조사를 진행했습니다. 이들이 공통적으로 진술하고 동의한 사실관계의 범위는 진실이라고 볼 수 있었습니다.

즉, B반원이 A반장의 <u>어깨를 툭 치고 지나간</u> 것과 A반장이

B반원을 **벽으로 밀쳐서 한동안(10초~20초 사이) 대치**했다는 것, 그리고 그 과정에서 <u>B반원의 안전모가 떨어지거나 하지는 않았다</u>는 것입니다.

다만 B반원의 진술대로, A반장이 실제로 B반원에게 계속해서 욕을 했는지는 알 길이 없었습니다. 현장이 시끄럽기도 했고, 목격자들과는 거리가 떨어진 곳에서 발생했기 때문이죠.

또한 별개의 사건인 B반원의 괴롭힘에 대해서도 C반원 및 다른 반원들 모두 소상하게 진술했습니다. 괴롭힘의 행위가 심각한 수준이었습니다. 일상적으로 욕설(또라이, 미친X, 병X 등등)을 사용하는 것은 기본이었고, 본인이 기분이 안 좋으면 폭력적인 행동을 거리낌 없이 했습니다. 문을 일부러 발로 세게 찬다거나, 쇠로 된 사물함을 주먹으로 내리치고 욕을 하는 등, 다수의 참고인들이 공통적으로 B반원에게 분노조절장애가 있는 것이 아닌지 의심된다고 했습니다.

참고인들은 서로 그렇게 친한 사이들은 아니었기에, 오히려 진술의 신빙성은 더 높았습니다. 있었던 사실을 확대하거나 축소해서 묘사하지도 않았습니다. 기억이 잘 안 나거나 모르는 사실은 솔직하게 답하기도 했구요.

조사자인 저는 굳이 티를 내지 않을 뿐이지, 진술하는 사람이 거짓말하려고 고민하는 건지 실제로 기억이 안나는 건지 정도는 대부분 눈에 보입니다. 이미 알고 있는 객관적 사실에 대해서도 모르는 척하고 물어보기도 하기 때문에 더욱 그렇죠.

이렇게 다섯 명의 참고인에 대해서 조사를 하고 나자, 그날의 사건에 대해서는 어느 정도 퍼즐이 맞춰지는 느낌이었습니다. 하지만 마지막으로 가장 중요한 당사자 조사가 남았죠. 바로 A반장입니다.

관리 책임자

A반장은 한 눈에 봐도 유순한 사람처럼 보였습니다. 나이는 50대 중후반 정도 되어 보였는데도, 한참 어린 조사자인 저에게 어쩔 줄을 몰라하고 있었습니다. A반장은 시종일관 본인이 어떻게 되는 것인지 궁금해 했습니다. **반장직을 내려놓아야 하는 건지, 그렇게 하면 문제가 해결이 되는 건지, B반원이 자기를 형사 고소하겠다는데 어떻게 해야 하는 건지** 등등을 물어보기 시작했습니다.

일단 간단하게 답변을 해드리고, A반장에 대한 조사를 진행했습니다. A반장은 거짓말도 하지 않는 것처럼 보였습니다. 물론 연기일 수도 있겠지만, 본인에게 불리할 수도 있는 사실관계도 모두 인정했습니다. 다만 그것이 얼마나 문제가 되는 것인지를 궁금해 했습니다. 그리고 본인의 잘못은 분명히 있기에 반성하지만, B반원의 잘못이 더 큰 것 아니냐고 여러 차례 물어봤습니다.

특히 어느 정도 시간이 지나 저와의 라포(Rapport)가 형성된 뒤 A반장은 관리 책임자로서의 역할이 너무 힘들다고 토로했습니다. 반원일 때가 진심으로 더 편했다며, 반장이 된 이후로 훨씬 더 스트레스를 많이 받는다고 말했습니다. 마음 같아서는 반장을 그만두고 싶다고도 했습니다.

저는 조사와는 별개로, HR 담당자로서 인사관리 방법에 대해서 짧게나마 조언을 드렸습니다. 특히 직장 내 괴롭힘 금지법 시행 이후 상급자의 하급자에 대한 관리 방법 및 관리 형식이 정말 중요하다고 말했습니다. 물론 이 법을 악용하는 사람들도 있지만, 제대로 조사를 해보면 결국 진실은 드러나기 마련이라고도 얘기했습니다. A반장은 시종일관 슬픈 눈으로 제 이야기를 들었습니다.

A반장의 진술서 작성은 어려움이 없었습니다. 물론 저는 기계적 중립을 지켜야 하는 입장이었지만, **A반장이 본인의 행위에 대해 반성하고 있으며 앞으로 이런 일이 다시는 일어나지 않도록 개선하겠다고 발언한 내용도 진술서에 그대로** 담을 수 있었습니다. 조사결과보고서에도 해당 내용을 실을 수 있구요. 물론, **B반원이 조사 도중 의도적으로 보였던 각종 부적절한 행위들도 있는 그대로 기재**했습니다.

조사결과보고서 검수를 마치고, 심의위원회 일정을 잡았습니다.

사건의 끝이 보이기 시작했습니다.

현장의 분위기

심의위원회는 총 3인으로 구성됐습니다. 근로자 위원으로는 노동조합의 추천을 받은 1인, 사용자 위원으로는 인사 담당자 1인, 그리고 전문가 위원으로는 변호사 1인이 정해졌습니다. 저는 위원분들 간 일정을 직접 조율하고, 심의가 원활하게 진행될 수 있도록 간사 역할을 하였습니다.

심의위원회를 열기 전, 조사 위원과의 사전 회의도 진행했습니다. 조사 위원은 노동조합의 추천을 받은 근로자분입니다. 보통 현장 특유의 분위기를 잘 알고 있고, 입이 무거운 분으로 선정이 됩니다. 사건 조사 단계에서부터 조사 위원님이 함께 하실 수도 있고, 심의 전 조사결과보고서 초안을 작성하는 단계에서 함께 하실 수도 있는데요. 이번 사건에서는 후자였습니다.

신고센터 사무실로 조사 위원님을 모시고, 사건에 대해 자세하게 설명을 해드렸습니다. 조사 위원님은 직장 내 괴롭힘 성립 여부를 판단하기 위해, 특히 '업무상 적정범위'를 넘었는지 여부를 중점적으로 보셨습니다.

사실, A반장의 행위와 B반원의 행위 모두에 대해서 성립 여부 판단 자체는 어려워하지 않으셨습니다. 오히려 행위 과정이 상세히 작성된 부분을 보면서 얼굴을 찌푸리셨습니다.

"이 반 반원분들은 참 힘드셨겠습니다."

조사결과보고서 초안을 20여 분간 정독한 뒤 조사 위원님의 첫마디였습니다. 중간 중간에 한숨을 계속 쉬기도 하셨죠.

직장 내 괴롭힘 문제가 어려운 이유도 여기에 있습니다. 단순히 성립이냐 불성립이냐 판단한다고 끝나는 게 아닙니다. 임금은 체불이냐 아니냐, 해고는 부당해고냐 아니냐를 판단하면 어느 정도 명확하게 정리가 되고 법 제도의 테두리 내에서는 권리 구제가 가능합니다.

그런데 직장 내 괴롭힘은 그렇지 않아요. 성립이든 불성립이든 그보다 중요한 건 사건이 종결된 후 괴롭힘 행위가 재발되지 않는 것이고(소극적), 앞으로도 문제없이 직장 생활을 잘하는 것이거든요(적극적).

여하튼, 저는 이미 식어버린 커피를 홀짝거리며 조사 위원님께 각 행위별 성립 여부 판단과 이유에 대해서 상세히 들었습니다. 이를 조사결과보고서에도 별도로 반영했구요. **심**

의위원들이 괴롭힘 성립 여부를 판단하는데 있어 현장의 분위기를 인지하고 있는 근로자의 의견은 정말 중요합니다. 마치 그 사업장의 산업안전을 가장 잘 아는 사람은 현장 근로자인 것처럼요.

심의위원회

조사 위원님의 의견까지 반영된 조사결과보고서 최종본은 100페이지가량 되었기에 꽤 묵직했습니다. 행위도 많고, 조사 대상자도 많았기에 어느 정도 분량이 나올 수밖에 없었죠. 심의 위원분들이 최대한 정확하고 빠르게 사실관계를 파악하고, 괴롭힘 여부를 판단할 수 있도록 도움을 드리는 것이 제 역할이기에 보고서는 두괄식으로 작성했습니다.

회의 진행에 앞서, 미리 심의 위원분들께 보고서를 드리고 읽어줄 것을 당부했습니다. 각각의 위원분들은 보고서를 받으시곤 공통된 반응을 보였습니다.

"와, 양이 상당하네요."

저는 웃으면서 최대한 필요한 내용만 기술하려고 했지만 어쩔 수 없었다고 답했습니다. 그래도 많은 사람들이 연관된 일이고, 현장에서도 촉각을 곤두세우고 있는 사안이니만큼 꼼꼼하게 읽어봐 주시기를 거듭 요청했습니다.

그리고 마침내 시작된 심의위원회. 간단한 다과와 함께 보고서 개요에 대해서 설명드렸습니다. 보고서에 있는 내용들보다는 보고서에 담지 못한 내용들에 대한 부연 설명을 조금 더 드렸습니다. 조사 과정에서 보인 조사 대상자들의 태도나 진술 당시의 뉘앙스도 말씀드렸습니다. 최대한 중립적으로 말이죠.

특히 이번 사건은 별개의 두 사건이지만, 당사자가 동일한 건이어서 이 부분에 대한 부연 설명이 길어졌습니다.

심의 진행에서, 행위별 성립 판단 자체는 사실 위원들이 어려워 하지 않았습니다. <u>B반원의 다른 반원에 대한 상습적인 욕설, 폭행은 각각의 모든 행위가 괴롭힘 '성립'으로 의견이 모아졌으며 아무도 이견을 제시하지 않을 정도였습니다.</u> 직장 내 괴롭힘 사건은 그 특성상 심의 위원 3인이 만장일치를 보이는 경우가 그렇게 많지 않다는 점을 고려하면, B반원의 행위는 누가 봐도 심각한 문제임을 알 수 있는 시간이었죠.

문제는 A반장과 B반원 간 있었던 충돌이었습니다. 이 한 번의 충돌을 직장 내 괴롭힘이라고 할 수 있느냐를 두고, 심의 위원들 간 열띤 토론이 있었습니다. 저는 참고인들의 진술 중 핵심적인 부분을 다시 한 번 정리해서 설명해드렸습니다. 사실, 심의 위원들 간 의견을 모을 필요는 없기에 일정 시간이 지나고 최종 판단 의견을 들었습니다. <u>3명 중 2명이 성립,</u>

<u>1명이 불성립 의견</u>을 냈습니다.

성립 의견을 주신 위원들은, **행위의 부적절성이 컸고, 공개적인 자리에서 해당 행위가 이뤄졌다**는 데에 주목했습니다. 이에 반해 불성립 의견을 주신 위원은 **행위가 1회에 그쳤으며, 전후 맥락을 봤을 때 괴롭힘이라고 단정하기는 어렵다**고 봤습니다.

심의 결과,
1번 사건: A반장 ➡ B반원 (성립)
2번 사건: B반장 ➡ 다른 반원 다수 (성립)
으로 최종 판단되었습니다.

괴롭힘, 그 후

판단 결과를 들은 A반장은 한숨을 푹 쉬며, 어떤 조치든 달게 받겠다고 했습니다. 그러나 여전히 억울함을 호소했습니다. 관리자로서 책임은 있지만 징계는 과하다고 말했습니다.

B반원은 결과를 듣자마자 특유의 억지 여유를 부리며 알겠다고 했습니다. 오히려 별다른 반응이 없어서 걱정이 됐습니다. 부정하거나 무시하거나 위협을 할 줄 알았는데 그러지 않았습니다. B반원이 노동청에 별도로 진정을 제기하는 일은 없었습니다. **아마 본인도 승산이 없다는 것을 짐작했을 겁니다.**

회사 인사 담당자와의 논의 끝에, B반원은 중징계 및 부서 이동 조치가 결정되었습니다. A반장에 대해서는 재발 방지를 위한 교육 및 경고 조치가 이뤄졌습니다. 그렇게 A반장의 반은 다시 평화를 되찾았습니다.

문제는 회사 입장에서 B반원을 어디로 옮기느냐였습니다. 인사 이동 권한이 회사에 있는 것은 맞지만, B반원은 자칫 다른 부서에 가서도 문제 행위를 반복할 가능성이 컸으니까요. 재발 방지 교육을 주기적으로 하는 수밖에 없었습니다.

제 입장에서는 B반원이 일련의 직장 내 괴롭힘 조사 과정을 거치면서 조금이나마 자기 반성을 하고, 본인의 직장 생활을 위해서라도 개선이 되기를 바랄 수밖에 없었습니다.

판단 보다는 조사가 힘들었던, 이 사건은 이렇게 마무리되었습니다. 지금쯤 B반원은 직장 생활을 잘하고 있을까요? **진심으로 그러길 바랍니다.**

2-1-2 제가 가해자라구요? 저도 피해자입니다!

정해진 답이 없는 문제를 가지고 씨름해야 한다는 점에서는, 어쩌면 생산 현장보다도 더 복잡하고 치열한 곳이 바로 사무실이죠. 때로는 무거운 철판보다도 더 무겁게 느껴지는 이메일 하나, 잘 갈린 그라인더의 날보다도 더 날카롭게 느껴지는 전화기 너머의 말 한마디가 사건의 발단이 되는 곳입니다.

특히 사무실에서의 '직장 내 괴롭힘' 사건은 직접적인 폭언이나 폭행보다는 애매모호한 표현과 상호 갈등인 경우가 많습니다. 인사 담당자 입장에서는 조사와 판단에 더욱더 어려움과 난처함을 느낄 수밖에 없죠. 신고를 당한 피신고인이 사실은 자기가 피해자라며 '신고인을 신고하는' 경우도 비일비재합니다.

A팀장과 B대리

늘품주식회사 기획팀의 A팀장은 해당 업계 실무경력만 10년이 넘은 '잔뼈 굵은' 사람이었지만, 늘품주식회사에 온 지는 2년이 채 되지 않은 상황이었습니다. 아직 조직 내부에 친한 사람들이 많지는 않았죠. 더군다나 A팀장은 기본적으로 목소리가 크고, 직설적인 화법의 소유자였습니다. 업무 특성상 사무실보다는 현장의 시설을 관리하고 책임져야 하는 경우가 많았습니다. 현장에서는 크게 소리를 지르는 일이 적지 않았죠.

한편 B대리는 A팀장과 같은 시기에 늘품주식회사의 경영지원팀에 입사했습니다. A팀장과 부서가 달랐지만 협업하는 경우가 꽤 자주 있었습니다. B대리는 A팀장만큼 눈에 띄는 성격은 아니었습니다. 평소에는 조용조용하게 이야기를 하는 편이고, 친한 그룹의 직원들과 같이 다니는 평범한 직원이었죠. B대리는 보통 사무실에서 업무를 진행했기에 현장을 직접 나가는 일은 많지 않았습니다.

시간이 지나면서 A팀장과 B대리는 협업할 일이 점점 많아졌습니다. B대리는 평소에도 A팀장의 언행에 다소 부적절한 면이 있다고 느끼고 있었습니다. **'굳이 저렇게 소리를 질러야 하나'**라는 생각을 했던 거죠. 같은 부서 상급자도 아닌데, 종종 본인에게 업무를 지시하는 것도 탐탁지 않았습니다. 어느 날 A팀장은 B대리에게 '현장 조명을 2개 설치해달라'고 요청했습니다. 당시 하던 일이 있었던 B대리는, 시간이 지나 A팀장보다 상급자인 D팀장에게 '현장 조명을 하나 설치하면 되는지' 물었습니다. D팀장은 대수롭지 않게 여기고 '그렇게 하세요'라고 했구요.

그게 화근이었습니다. B대리는 D팀장의 말에 따라 현장 조명을 하나만 설치했습니다. 나중에 조명이 하나만 설치된 사실을 알게 된 A팀장은 B대리에게 전화를 걸어 "왜 B님이 판단하신 거예요?"라고 물었습니다. B대리는 즉시 "제가 판단한 게 아니라, D팀장님이 하나만 설치해도 된다고 해서 그렇게 했습니다."라고 답했습니다. 그러자 A팀장은 "그게 업무 판단이잖아요."라고 말했습니다. B대리는 즉시 "왜 화를 내시냐" 물었고, A팀장은 "식사 후에 1층 사무실로 내려오세요."라고 말했습니다.

점심시간이 끝나고 A팀장, B대리, D팀장은 1층 사무실에서 모였습니다. B대리는 줄곧 억울하다는 입장이었습니다. 그런데 D팀장은 그 자리에서는 '**나는 조명을 하나만 설치하라고 한 기억이 없다**'고 말했습니다. D팀장의 말을 들은 A팀장은 더 화가 났죠. "**<u>왜 B님이 마음대로 결정하신 거죠?</u>**"라는 물음에 B대리도 화가 났고 억울했습니다. 분위기는 싸늘해졌고 큰 소리가 오간 후, 회의는 아무런 소득 없이 끝났죠.

A팀장 입장에서는 본인보다 업계 경력도 짧고, 직급도 낮으며, 나이도 어린 직원이 업무 지시에 따르지 않을 뿐만 아니라 실수나 잘못도 인정하지 않는다고 느꼈습니다. 반대로 B대리 입장에서는 본인과 다른 부서에 있고, 수행 업무도 다르며, 본인의 주 업무가 아닌 업무를 돕는 것인데 직속 상사인 것처럼 지시하고 지적하며 본인을 무시한다고 느꼈습니다. 특히 B대리는 A팀장이 지속적으로 다른 부서나 다른 사무실에서 본인에 대해 '개념이 없다'거나 '싸가지가 없다'는

식의 험담을 하고 다닌다는 **소문을 '전해' 듣게 됩니다**. 심지어는 단순 험담을 넘어 B대리가 '표창대상자'로 선정되자 회의에서 절차상 문제를 거론하기까지 했다는 **이야기를 '전해' 듣기도 합니다**.

사실 이런 갈등은 조직 사회에서 흔하게 일어나는 일입니다. 의사소통에는 항상 오류가 일어날 수밖에 없는데, 지위나 관계적인 우위까지 고려해야 한다면 오해가 커질 가능성은 기하급수적으로 높아지죠. 갈등의 발생 자체는 필연적이지만, 이러한 갈등을 얼마나 빨리, 얼마나 잘 해결하느냐가 관리자의 주요 덕목이라고 할 수 있습니다. 특히 이 사건의 경우 B대리의 직속 상사나 주변 동료들의 역할이 갈등과 오해의 확산과 관련해서는 매우 중요했죠.

C대리와 E팀장

B대리와 C대리는 같은 부서에서 함께 일했고, 나이도 비슷해서 금방 친해졌습니다. E팀장은 B대리와 C대리의 직속 상사였는데, 셋의 관계도 나쁘지는 않았습니다. 나이 차이가 있다 보니 사적으로 편하다거나 친분이 깊은 정도는 아니었지만, 업무적으로도 크게 문제가 없었고 가끔 저녁 식사를 함께 하는 정도의 사이였죠.

한편 E팀장은 A팀장과도 친했습니다. 사적으로는 부하직원 관계인 B대리나 C대리보다는 A팀장과 더 친했습니다. E

팀장과 A팀장은 나이도 비슷했고, 소속 부서는 달랐지만 업계에서 일한 경력이 오래되었기 때문에 동료 관계를 떠나 친구에 가까운 사이였죠. <u>E팀장은 갈등의 당사자들과 모두 좋은 관계를 유지하고 있었기에 이 문제를 해결할 수 있는 열쇠</u>를 쥐고 있었습니다.

시간이 지날수록 B대리와 C대리는 A팀장에 대한 불만을 공유하는 정도와 강도가 심해졌습니다. 특히 A팀장이 B대리를 '하극상'이라며 인사팀에 고충 신고를 하고, B대리의 자리를 지나가며 "예의가 없다"고 큰 소리로 혼잣말을 하며 지나간 일이 있고 나서는 더더욱 심해졌죠. A팀장과 B대리의 관계는 일촉즉발이었고, C대리 또한 B대리로부터 A팀장의 이해할 수 없는 '괴롭힘' 행위들을 들으며 A팀장에 대한 반감을 키워가고 있었죠. 이미 B대리와 C대리에게 A팀장은 '직장 내 괴롭힘 행위자'로 낙인 찍힌 것입니다. B대리와 C대리가 소통을 하면 할수록 확신은 더욱 깊어만 갔습니다.

하루는 B대리가 현장에서 설비 점검을 하고 돌아오려는데, 그곳에 있던 A팀장이 "B대리, 자세 똑바로 하고 다니세요!"라고 말했습니다. A팀장은 원래 목소리가 컸기에 당시 현장에 있던 많은 직원들이 다 들을 수 있는 정도였죠. 이미 불만이 쌓일 대로 쌓였던 B대리는 짜증을 폭발하며 "예? 왜 그래요 정말!" 하고 소리쳤습니다. A팀장은 다시 "현장에서는 자세 똑바로 하고 다녀야 합니다. 원래 그런 곳입니다."라고 말했습니다. A팀장 입장에서는 본인이 관리 책임자였기 때문에 응당 할 수 있는 지적이라고 생각한 거죠. B대리는 본래 본인을 싫어하던 A팀장이 또 자신에게만 트집 잡는 거라고 생각한 거구요.

B대리의 입장에서는, 그러지 않아도 A팀장이 1년 넘게 본인들에 대한 부정적인 이야기를 공공연하게 하고 다닌다는 '이야기'를 전해 듣고 있었기 때문에 분노가 폭발했죠. 거기에 더해 언젠가부터 B대리와 C대리가 '유연근무제'를 신청해서 출퇴근 시간을 조정한 것을 두고 A팀장이 또다시 '야근하기 싫어서 그런 거 아니냐. 그거 그렇게 하면 일에 문제가 생긴다'는 식의 **이야기를 하고 다닌다는 '소문'을 추가로 듣게 되었습니다.**

이제 A팀장과 B대리는 돌이킬 수 없을 정도로 적대적인 감정이 커진 상황이었습니다. 서로 업무 때문에 직접 소통이 필요한 상황에서도 굳이 다른 사람을 통해 소통할 정도가 된 것이죠. E팀장은 이들의 사이에서 본의 아니게 중요한 역할을 맡게 되었습니다. A팀장과도 친하고, B, C대리와도 관계가 나쁘지 않은 직속 상사였기에 어떻게 보면 중간에 끼인 처지가 된 거였죠. 하지만 E팀장은 본인이 쥐고 있는 열쇠를 **완전히 잘못** 사용하고 있었습니다.

진실과 사실

일반적으로 직장 내 괴롭힘 사건의 조사는 '신고인'-'참고인'-'피신고인' 순으로 이루어집니다. 신고인 조사를 먼저 해서 구체적인 행위와 사실관계를 최대한 확보한 다음, 참고인 조사를 통해 신고인의 주장을 교차 검증합니다. 신고인과 참고인 다수에 대한 조사까지만 진행해도 흥미로운 경우가 많습니다. 신고인이 주장하는 것과 참고인들이 보고 들은 것 혹은 기억하는 것 사이에는 꽤나 큰 차이가 있거든요. 특히 신고인이 본인에게 유리한 진술을 해 줄 것이라 기대한 참고인이 전혀 다른 이야기를 하는 경우도 자주 있습니다.

이번 사건의 특징은 '서로가 서로를 직장 내 괴롭힘 행위자(가해자)로 신고한 사건'이라는 점이었습니다. B, C대리가 함께 A팀장을 직장 내 괴롭힘 행위자로 신고를 하자 A팀장도 B, C대리를 직장 내 괴롭힘 행위자로 신고한 것입니다. 심지어 B대리는 대리인으로 공인노무사를 선임한 상태였구요. 서로가 서로를 신고하는 경우는 꽤나 많습니다. 신고를 당한 근로자가 '오히려 내가 괴롭힘 피해자다'라고 주장하는 것이죠.

외부 전문가로서 사건을 조사하게 된 저는 최초 신고인인 B, C대리에 대한 조사부터 시작했죠. 그리고 위에서 서술한 이야기들을 B, C대리의 관점에서 듣게 되었습니다. 대면 조사는 2시간 넘게 진행되었고, 둘은 7개 정도의 행위를 직장 내 괴롭힘 행위라고 주장하고 있었습니다. 흥미로운 점은 7

개 행위 중 2개 정도를 제외하면 다른 행위들은 모두 직접 보거나 들은 게 아니라는 것이었죠. A팀장이 본인들에 대해서 공공연하게 부정적인 평가나 뒷담화를 지속적으로 하고 있다는 '소문'을 전해 들었다고 말입니다. 그리고 그 소문을 전해준 사람은 다름 아닌 E팀장이었습니다.

B, C대리의 진술에서, 행위별 목격자는 조금씩 달랐지만 E팀장은 거의 모든 행위의 목격자로 언급되었습니다. 조사자 입장에서도 E팀장이 이 사건의 가장 중요한 인물임을 단번에 예측할 수 있었죠. 특히, B대리가 가장 집중적으로 많은 시간을 할애해서 진술한 본인들에 대한 '뒷담화'는 E팀장이 사실상 유일한 목격자였습니다. E팀장을 통해서 그러한 이야기들을 전해 들었다는 것이었죠.

실제로는 조사 대상자가 더 많았고, 일정상 가급적 하루에 대면 조사를 끝내야 했기에 E팀장에게 꼭 필요한 질문을 하고 답을 들어야 했습니다. 분명한 진실을 알기는 힘들지라도 최대한 많은 사실들로 어떻게든 진실에 다가가 봐야 하는 게 저희의 몫이니까요.

저도 힘듭니다

조사실의 문을 열고 들어오는 E팀장은 한 눈에 봐도 내키지 않아 하는 기색이었습니다. 물론 직장 내 괴롭힘 사건 조사 자체가 결코 유쾌한 일은 아니기 때문에 조사 참여자의 표정은 대부분 어둡긴 하지만, 개중에도 불편함과 어색함이 눈에 띄는 사람들이 종종 있는데 E팀장도 그런 사람이었습니다. 조사자인 저희와 인사를 할 때도 눈을 마주치지 않고 피했고, 자리에 앉은 자세도 어정쩡했습니다. 한시라도 빨리 자신이 여기서 할 일을 하고 나가고 싶어하는 것처럼 보였습니다.

"팀장님, 안녕하세요. 업무 중에 바쁘실 텐데 시간 내주셔서 감사합니다. 저희가 몇 가지 질문을 드릴 테니 편하게 답변해 주시면 됩니다. 기억이 나지 않는다면 기억이 나지 않는다고 말해 주시면 됩니다." 비밀유지서약서에 서명을 받으면서, 기본적인 조사 방법에 대해 안내를 드렸습니다. E팀장은 어색한 웃음을 지으며, "네, 알겠습니다."라고 답하고는 또다시 시선은 바닥을 향했습니다. 저는 본격적인 질문을 시작했습니다.

"혹시 0월 0일경, 사무실에서 A팀장이 B대리에 대해 이야기하면서 부정적인 표현이나 부적절한 이야기를 하는 것을 들은 적이 있으신가요?" 중요한 질문이었지만 구체적인 표현까지 특정해서 묻지는 않았습니다. 초반에는 어느 정도 열린 형태로 질문을 한 뒤 답변을 들어보고 구체화의 정도나 범위를 생각해야 하거든요. 그런데 E팀장은 의외의 말을 하기 시작했습니다. 아니, 정확히는 질문에 대한 답이 아니었습니다.

"노무사님, 그런데 사실 말하는 사람마다 이야기도 다르고 관점도 달라서 한쪽 말만 들으면 안 되지 않겠습니까? 저는 A팀장과 사적으로 친합니다. 이 회사에 오기 전부터 친구였어요. 그래서 A팀장과는 퇴근하고 자주 저녁도 같이 먹곤 합니다. 그러면 무슨 이야기를 하겠습니까. 같은 회사에 있으니까 회사 일이나 사람들 이야기를 많이 하죠. 당연히 B대리에 대한 이야기도 종종 한 적이 있습니다. 저도 하죠. 사석에서야 뭐 다들 그런 거 아니겠습니까? 그런데 A팀장은 B대리를 별로 좋아하지 않더라구요. 부정적인 감정인 건 확실히 알았습니다. 저는 그럴 때마다 '그 친구들도 잘해보려고 하는 거다'라며 중재를 해보려고 했습니다."

묻는 것과 상관없이 답하는 건 익숙했기에 일단은 끊지 않고 얘기를 들어 보기로 했습니다. 앞 뒤 정황이나 맥락을 파악하는데 필요하기도 했고, 결국 이런 배경은 마지막에 물어봐야 하는 부분이기도 하거든요. 저희는 E팀장의 이야기를 들으며 잘 듣고 있다는 호응 표현을 했고, E팀장은 이야기를 이어갔습니다.

"그리고 출근한 뒤에는 B대리에게도 A팀장이 '이런 면을 조금 아쉬워하는 것 같다'고 얘기한 적이 몇 번 있었습니다. 솔직히 제가 봤을 때는 B대리라고 완벽하게 다 잘하고 옳은 건 아니라고 생각했거든요. 분명 그들도 고칠 부분이 있다고 생각했습니다. 그런데 B대리는 제 얘기를 듣고 'A팀장과는 앞으로도 잘 지낼 생각이 전혀 없다'며 불편한 기색을 내보이더군요. 솔직히 저는 그렇게 얘기하는 것도 바람직하지 않은 행동이라고 생각합니다만, 제가 또 대놓고 뭐라고 지적은 못 하겠더라구요. 어쨌든 저는 이들과 같이 일해야 하고 직속 상사니까요."

이야기를 여기까지 듣자 퍼즐이 맞춰지는 느낌이었습니다. 아직 피신고인 조사를 하지 않았음에도 왜 이 일이 이렇게까지 된 것인지 그려졌습니다. E팀장은 계속해서 말했습니다.

"저도 힘듭니다. 힘들었구요. 중간에 끼어서 1년이 넘게 이러고 있으니까요. 굳이 저를 통해서 서로의 이야기를 전달하기도 합니다. 제 입장에서는 서로 좀 잘 풀고, 잘 지냈으면 하는 마음에 아쉬운 이야기를 사석에서나 사무실에서나 전달해주곤 했거든요. 이게 참 제가 아무리 노력해도 쉽지 않더라구요. 질문이 뭐였죠? 아, 사무실이나 회사에서 A팀장이 그런 말을 하는 건 본 적이 없습니다. 한 번도요."

E팀장은 여기까지 얘기하더니 말을 멈췄습니다. E팀장의 진술은 매우 방어적이었고, 중간중간에 거짓이 섞여 있는 듯했습니다. 왜냐하면, 다른 참고인들-특히 당사자들과 아무런 이해관계나 감정이 없는 제3자-이 분명하게 목격한 적이 있다는 사실을 부정했기 때문입니다. 다수의 참고인을 조사해보면 신고인이나 피신고인과 어떤 관계인지에 따라서 진술의 톤이나 방향성이 천차만별입니다. 신고인과 친분이 있거나

가깝거나, 혹은 직접 관계는 없더라도 신고인의 입장에 조금 더 공감하는 참고인은 아무래도 피신고인의 행위를 조금 더 부풀려서 말합니다. 반대로 피신고인과 관계가 있거나 피신고인의 입장에 더 공감하는 참고인은 신고인의 주장이 과장되었다고 하죠.

결국 직장 내 괴롭힘 사건의 진실에 가장 가까운 사실을 쥐고 있는 사람들은 사실, 당사자와 가장 멀리 있는 사람들입니다. 업무적으로도, 관계적으로도 거리가 멀어 어느 쪽의 편도 들지 않고 들 이유도 없는 제3자가 가장 객관적으로 진술하거든요. 그들은 답변을 할 때도 망설이지 않습니다. 그냥 '기억 나는 대로' 그대로 말하면 되니까요. 그런데 그렇지 않은 사람들은 답변을 할 때 말을 고르는 게 눈에 보입니다. 어떻게 표현하고 어디까지 말을 해야 할지 고민되는 거겠죠. E팀장과의 대면 조사 이후에도 두 명의 참고인 조사를 더 했습니다. 밖은 어느덧 어두워졌고 저희는 마지막 조사자인 A팀장을 불러달라고 요청했습니다.

하극상도 괴롭힘 아닙니까?

A팀장은 시종일관 공손한 표현과 자세를 하면서 자리에 앉았습니다. 저희를 보며 웃음을 지어 보였는데, 본인의 결백을 미소에 담아 보여주고 싶어하는 듯 했습니다. 생각보다 목소리도 크지 않았습니다. 신고인을 비롯해 다수의 참고인들이 묘사한 것과는 조금 다른 사람인 것 같았지만, 그런 생

각은 오래가지 않았습니다. 본격적인 질문을 시작하자 A팀장의 목소리가 커지기 시작했습니다.

"노무사님들, 하극상은 도대체 어떻게 해야 합니까? 직장 내 괴롭힘을 제가 당하고 있습니다. 물론 그 분들이 제 직속 부하는 아니지만서도, 어쨌든 저보다 나이도 어리고 직급도 낮은 건 사실이지 않습니까? 그리고 제가 개인적인 업무를 시킨 것도 아니고, 욕을 한 것도 아니고, 그냥 일에 대한 부분을 그것도 최대한 공손하고 예의 있게 요청한 건데 그럴 때마다 B대리가 뭐라고 하는지 아십니까? 못 하겠답니다. 자기 일 아니랍니다. 아니, 그러면 회사에서 일을 어떻게 합니까? 저라고 그런 분들과 일을 하고 싶을까요?"

말을 끝낼 즈음 A팀장의 목소리는 시작할 때의 배 이상 커져 있었습니다. 저는 조심스럽게 진정하시고 차분하게 말씀해 주실 것을 요청했습니다. A팀장은 금세 죄송하다며 웃음을 지어 보이고 목소리를 낮췄습니다.

"저도 잘해보려고 노력했습니다. 처음에는 관계가 나쁘지 않았어요. 같은 팀은 아니지만 어쨌든 저희가 같이 일을 해야 하는 부분들이 계속 있으니까, 잘 지내는 게 좋잖아요. 그래서 그 분들이 저보다 나이도 어리고 직급도 낮고, 업계 경력도 조금 부족하지만 예의를 갖춰서 소통했습니다. 저는 그 분들에게 단 한 번도 반말이나 욕을 한 적이 없습니다. 항상 호칭을 정식으로 불렀고 존칭을 썼습니다. 오히려 제가 업무 얘기 하다가 너무 화가 나서 녹음한 것도 여러 개가 있습니다. 꼭 좀 들어봐 주시기 바랍니다. 누가 누굴 괴롭히는 건지, 허 참"

A팀장은 어느새 또 다시 목소리가 커졌습니다. 저는 다시 A팀장과 눈을 맞추며 손으로 '워- 워-'하는 제스쳐를 취했고, A팀장은 또 웃으며 고개를 끄덕였습니다.

"근데 요즘 직장 내 괴롭힘이다 뭐다 하면서, 이게 또 직급이 높은 사람이 낮은 사람한테는 할 수가 없는 건지 인정이 안 되는 건지 어렵다고 하더라구요? 그래도 저는 너무 억울합니다. 제가 진짜 피해자입니다. 저 두 분들 때문에 일이 진행이 안 됩니다, 진행이. 해야 하는 일마다 요청이나 부탁을 드리면 못 하겠다, 안 하겠다, 싫다 하는데 제가 뭐라고 해야 합니까? 무서워서 말을 못 하겠습니다. 전화도 못 걸겠어요. 저도 웬만하면 E팀장이나 다른 팀원 통해서 이야기하거나 하고 있습니다. 너무 억울합니다. 제가 직급도 높은데 왜 제가 그 분들 눈치를 봐야 합니까?"

A팀장은 이어서 본인도 사실 이전 직장에서 직장 내 괴롭힘을 당한 적이 있다는 이야기를 시작했습니다. 본 사건과 직접 관련은 없지만 인물 파악에는 도움이 될 수 있기에 이야기를 조금 들었습니다. A팀장의 주장에 따르면 본인은 과거 상급자에게 말 그대로 '쌍욕'을 들어가며 근무했고, 회사 일

과 상관없는 개인적인 일까지 도와줬다고 합니다. 참다못해 노동조합을 통해 도움을 받아보려 했지만 당시에는 직장 내 괴롭힘 법이 없었고, 뾰족한 방법이 없어 결국 퇴사를 했답니다. A팀장의 목소리는 이야기를 하면 할 수록 커졌기에 저도 어느 순간부터는 목소리 낮추는 걸 포기했습니다. 조사는 예정된 시간을 훌쩍 넘어서 끝났습니다.

사건의 전말

이번 사건은 저희 노무법인이 조사결과보고서를 작성한 뒤 심의위원회에도 직접 참석했습니다. 저희 입장에서는 당사자 어느 쪽의 편을 들 이유가 없기에 공정하고 중립적인 조사 및 심의가 가능했죠. 조사 참여자들의 진술 및 제출자료 등을 종합했을 때, 제 머릿속에 그려진 이 사건의 전말은 다음과 같았습니다.

> ① A팀장은 대놓고 욕이나 반말을 하지는 않지만, 분명 크게 소리를 지르거나 다소 밀어붙이는 듯 말할 때가 있다. B대리와도 업무 소통을 하다가 그런 적이 몇 번 있었다.
> ② B대리는 그저 A팀장과 적절히 거리를 두려고 했다. 그런데 직속 상사인 E팀장으로부터 **"A팀장이 ~라더라"**며 뒤에서 부정적인 이야기를 한다는 말을 전해 듣게 됐다.
> ③ A팀장 또한 퇴근 후 친구인 E팀장으로부터 **"B대리가 ~라더라"**며 뒤에서 부정적인 이야기를 한다는 말을 전해 듣게 됐다.
> ④ 시간이 지날수록 A팀장과 B대리는 서로에 대한 적대감을 키워갔다. 공교롭게도 거의 모든 부정적 감정과 소문의 근원은 E팀장이었다.

제가 보기에 이 사건의 진짜 주인공은 A팀장도, B대리도 아닌 E팀장이었습니다. 물론 E팀장이 고의로 이간질을 한 건 아닐 겁니다. 하지만 A팀장에게도, B대리에게도 서로에게 부정적인 이야기를 하면서 분명 어느 정도 부풀리거나 자신의 마음을 일정 부분 담아서 전달한 적이 수차례 있었던 것 같습니다. 양쪽 모두에게 신뢰를 얻고 싶어서 했던 행동이었겠지만 결과적으로는 둘의 갈등을 키우고, 공식 조사와 심의까지 하는 데에 결정적 역할을 하게 된 거죠.

결국 저희는 정도가 조금 심했던 한 가지 행위를 빼고는, 신고된 다른 모든 행위에 대해서는 근로기준법상 직장 내 괴롭힘에는 해당하지 않는다고 판단했습니다. 최초 신고인인 B대리는 이런 결과를 수긍하지 못했고, A팀장이 해고되어야 한다고 생각했기에 다시 노동청에 진정을 넣었구요. 물론, 노동청에서는 조사나 심의 전 과정에 아무런 문제가 없다고 판단해 사건을 종결했습니다. 이렇듯 직장 내 괴롭힘 사건을 조사하다 보면, 확실히 직장 내 괴롭힘은 '법의 영역'보다는 '경영의 영역'에 가까운 것처럼 보입니다. 경영 중에서도 인사관리와 조직문화, 직무와 직급, 의사소통과 개인 특성 변수 등을 고려해야 하죠. 근로기준법상 직장 내 괴롭힘인지 아닌지 판단하는 건 사실 그렇게 중요하지 않은 이유이기도 합니다. 성립이든 불성립이든 문제가 일거에 해결되지는 않거든요.

2-3 끝나지 않는 노동청 진정 이야기

현행법상 직장 내 괴롭힘 사건은 '사용자', 즉 회사가 직접 조사하고 조치하는 것이 원칙입니다. 노동청에 진정을 한다고 해도 '회사에 먼저 신고했는지' 확인하는 이유도 여기에 있죠. 물론 괴롭힘 행위자가 대표이사이거나 회사의 조사 과정 및 절차에 현저한 불공정성이 확인되는 경우에는 노동청에서 직접 조사를 하거나 재조사를 명령할 수 있죠. 그러다 보니 직장 내 괴롭힘 신고를 하는 신고인 입장에서는 회사에 신고를 한 뒤에도 노동청 진정까지 생각하는 경우가 많습니다.

인사 담당자 입장에서는 이런 부분 때문에 고민이 더욱 깊어집니다. 신고 사실을 인지한 뒤 분리 조치는 어떻게 해야 할지도 쉽지 않은 문제이지만, 외부에서 노무법인을 통해 조사나 심의를 진행해도 신고인이 또 노동청에 진정할 수 있기 때문이죠. 저희가 아무리 공정하고 중립적인 입장에서 조사하고 판단해도, 신고인이 노동청에 가는 것을 막을 수는 없습니다. 그건 근로자의 권리니까요.

모든 제도에는 허점이 있습니다. 인간이 완전하고 완벽하지 않기 때문에, 인간이 만든 법과 제도도 물론 완전하고 완벽하지 않죠. 근로기준법상 직장 내 괴롭힘 제도 또한 마찬가

지입니다. 악의를 가지고 이런 허점을 이용하는 사람은 많지 않을 것입니다. 제가 경험한 사건들에서도 그런 분은 없었던 것 같습니다. 다만 신고하는 분들은 정말로 억울할 뿐인 것이고, 회사 입장에서는 답답할 뿐인 것이죠.

애초에 근로자 입장에서 직장 내 괴롭힘 신고를 하는 것 자체가 쉬운 일은 아닙니다. 본인의 기준이 있고 그 선을 넘은 경우에, 그리고 어느 정도 참을 수 있는 한계치를 넘어갔을 때야 결단하고 신고를 하는 것이니까요. 그러다 보니 일단 신고를 한 번 하고 나면, 어떻게든 본인의 억울함을 최대한 인정받아야 합니다. 다른 말로, 어떻게든 본인이 신고한 행위가 직장 내 괴롭힘으로 인정되어야만 한다는 거죠. 고민과 고민 끝에 쉽지 않은 결정을 내려서 행동에 나섰는데, 정작 직장 내 괴롭힘으로 인정받지 못하면 앞으로의 회사 생활도 쉽지 않을 거라고 생각하는 겁니다.

그래서 직장 내 괴롭힘 문제는 끝없이 이어질 수 있습니다. 처음에는 <u>1번부터 5번까지의 행위에 대해서 신고했는데</u>, <u>불성립이 됐다면 신고한 근로자는 노동청에 다시 진정을 넣</u>을 수 있죠. 노동청에서 봤을 때 조사나 조치 과정에서 특별한 문제가 없었다면, 불성립이라는 판단 결과는 바뀌지 않습니다. 그러면 근로자가 할 수 있는 다음 방법은 <u>6번부터 10번까지의 행위를 신고하는 겁니다</u>. 별개의 행위이기 때문에 당연히 또 신고를 할 수 있고, 회사의 판단 결과에 불만이 있다면 다시 노동청에 진정도 할 수 있습니다. 회사에서는 또다시 외부 전문가를 섭외해야 하고, 그에 따른 비용도 지불해야 합니다. 인사 담당자도 추가 업무를 해야 하구요.

신고인	인사 담당자
A행위 직장 내 괴롭힘 신고	
	사건 조사 및 심의(외부 전문가)
	직장 내 괴롭힘 불성립 판단
노동청 진정	
	노동청 진정 대응 및 보고
B행위 직장 내 괴롭힘 신고	
	사건 조사 및 심의(외부 전문가)
(반복)	

이처럼 끝나지 않는 사건 속에서 고통 받던 인사 담당자님들의 이야기를 소개합니다.

2-3-1 왜 저보다 무능한 사람이 제 상사인 거죠?

저희가 도착한 사무실은 예상보다 넓고 쾌적했습니다. 꽤 오래된 낡은 건물 외관에 비해서, 직원이 5명인 회사의 내부는 깔끔하고 정돈되어 있었습니다. 대표실로 들어가자 50대 중반으로 보이는 남자 대표가 악수를 청했습니다. 손아귀에는 꽤나 힘이 실려 있었고, 눈빛도 직선적이었기에 상대방으로 하여금 괜히 움찔하게 만드는 게 있었습니다. 다행히 대표는 미소를 활짝 지으며 "앉으시죠!"라고 권했습니다.

자리에 앉자마자, 대표의 미소는 온데간데없이 사라졌습니다. 바로 본론으로 들어갔습니다. "직장 내 괴롭힘 이거 도대체 어떻게 해야 하는 겁니까? 회사를 운영을 할 수가 없습니다. 직원들에게 무슨 말을 할 수가 없어요. 업무 하라고 지시하는데 '못 하겠습니다' 하질 않나, 다른 일도 같이 해달라고 하니 직장 내 괴롭힘이라고 하질 않나, 본인이 먼저 소리 질러놓고 녹음하고 있다면서 협박하면 상급자가 그냥 '잘못했습니다', '미안합니다' 해야 합니까? 이게 맞습니까? 노무사님들 생각은 어때요? 아무래도 근로자분들을 위해서 일하시니까 보호가 필요하다고 생각하시겠죠?"

대표의 목소리는 크지도 작지도 않았지만, 빨라지는 어조에서 화자가 점점 흥분하고 있다는 게 느껴졌습니다. "대표님, 일단 진행 상황을 먼저 설명 부탁드립니다. 저희가 듣기로는 신고하신 분이 외부 이사회에 문제 제기를 하고 노동청 진정도 준비 중이라고 하더라구요. 그리고 저희가 항상 근로자분들만을 위해서 일하는 건 아닙니다. 의뢰인을 위해 일하는 거죠." 대표가 제 이야기를 얼마나 들었는지는 잘 모르겠습니다.

"신고인이 외부 이사회에 먼저 신고를 해버려서 저희도 난처한 상황입니다. 저는 임기가 끝나면 다른 곳으로 가야 하는데, 이 문제 때문에 골치가 아픕니다. 노동청에 신고하겠다는 얘기도 계속 하고 있는 상황이고요. 아직까지는 기다리고 있는 것 같습니다. 외부 전문기관에 조사를 맡기겠다고 했더니 두고 보겠다는 것 같네요. OOO 부장이 새로 온 뒤로부터 계속 시끌벅적 하긴 했지만, 이게 맞는지는 모르겠습니다. 다섯 명 있는 회사에서 이렇게 하면 회사가 돌아가겠습니까." 저희는 근로기준법상 직장 내 괴롭힘의 성립요건이나 절차를 자세히 설명해드린 뒤, 이 사건을 담당하기로 한 인사담당자와 조사 방법 및 일정을 논의했습니다.

신고인은 임시적 분리조치로 재택근무를 하고 있었고, 저희는 회사가 아닌 다른 장소를 섭외해서 장장 4시간 가까이 조사를 진행했습니다. 신고인은 **'자신보다 능력과 경험이 부족한 사람이 갑자기 상사로 채용되어 아무것도 모르고 지시하고 있다'**며, **'심지어 지속적인 인신 공격을 하고 있어서 병원도**

다니고 있다'고 억울함을 토로했습니다. 말하는 속도가 꽤 빨라 타이핑이 따라가지 못하기도 했습니다. 수십장에 달하는 증거 자료도 제출하고서야 조사가 마무리되었습니다.

 회사의 직원이 5명밖에 없었고, 신고인이 지목한 대부분의 행위 당시 다른 직원들이 모두 있었기에 저희는 모든 직원을 참고인 또는 피신고인으로 조사했습니다. 나머지 참고인들은 대부분 신고인에게 책임이 더 큰 것 같다는 의견이었습니다. 일방적인 직장 내 괴롭힘이라기보다는 쌍방다툼에 가까워 보인다는 관점도 공유하고 있었습니다. 추가적인 진술과 각종 증거 자료를 모두 취합해 본 결과 저희의 판단 또한 크게 다르지 않았고, 조사결과보고서에도 이러한 내용을 기재했습니다. 회사에서는 별도로 심의위원회를 개최했고, 최종 판단은 직장 내 괴롭힘 불성립으로 결정됐습니다.

 그러나 신고인은 이러한 결과를 도저히 수긍할 수 없었습니다. 노동청에 다시 진정을 넣었고, 노동청에서는 회사 인사담당자에게 조사 절차 및 결과 등을 확인했습니다. 저희가 작성한 조사결과보고서를 바탕으로 대응한 끝에, 노동청에서도 법 위반 사실이 없는 것으로 종결 처리를 하였습니다.

 저희의 몫은 여기까지였습니다. 조사 과정 도중에는 하루에 한 번씩 통화하고 의논했던 인사 담당자와의 통화도 더 이상 없었습니다. 그렇게 두 달 정도가 지났습니다. 다른 일들을 하느라 이 사건을 잊어갈 때쯤, 인사 담당자로부터 전화가 왔습니다. "노무사님, 잘 지내시죠? 그 분이 또 신고를 하셨습니다. 이번엔 또 다른 행위들로 신고를 했네요. 저도 정말 힘드네요." 얘기를 들어보니, 저희가 조사했던 4가지 행위들이 아니라 조사가 끝난 뒤에 일어난 추가 행위들을 묶어서 다시 신고를 했다는 것이었습니다. 이에 회사에서는 또 다시 다른 외부 노무법인을 선임해서 조사를 진행 중이었구요.

이 사건은 그렇게 끝난 줄 알았지만, 결국 완전히 끝난 사건은 아니었습니다. 직장 내 괴롭힘이라는 문제는 단순히 법적 판단이나 조사 결과로만 해결되지 않는다는 점을 다시 한 번 느낄 수 있었습니다. 개인 간의 갈등이 조직 전체의 문제로 번질 수 있고, 그 갈등의 고리가 쉽게 끊어지지 않기도 합니다. 회사의 입장에서는 적법한 절차와 결과를 통해 책임을 다했다고 할 수 있지만, 당사자 간의 깊은 감정의 골은 여전히 남아 있을 수도 있겠지요. 인사 담당자의 지친 목소리를 들으며, 사람의 마음이란 참 어렵다는 생각이 들었습니다.

2-3-2 이게 괴롭힘이 아닐 수가 있습니까?

"노무사님, 노동청에서 또 연락이 왔습니다. 진정을 넣었답니다. 이게 대체 언제 끝날까요?" 인사 담당자 K씨의 목소리는 한껏 지쳐 있었습니다. 전화기 너머로 들려오는 그의 한숨은 어쩐지 그날의 날씨처럼 무겁게 느껴졌습니다. 커피를 홀짝거리던 저는 해당 회사의 괴롭힘 보고서를 떠올리며 대화를 이어갔습니다.

시작은 언제나 그렇듯 신고인의 직장 내 괴롭힘 신고였습니다. 첫 만남에서 그는 종이 뭉치로 된 증거 자료를 책상 위에 툭 놓으며 억울함을 토로했었죠. "보세요. 제가 얼마나 고통받았는지 이 자료만 보면 아실 겁니다. 이메일, 녹취록, 카톡까지 다 준비했습니다. 이게 괴롭힘이 아니면 뭡니까? 이게 괴롭힘이 아닐 수가 있습니까?" 그의 말은 쏟아지듯 빠르게 이어졌습니다. "제가 여기 들어온 지도 15년이 넘었습니다. 회사에 모든 걸 바쳤어요. 일도 잘했습니다. 그런데 여기도 실력보다 정치가 중요합니다. 저는 그런 걸 잘 못하구요. 입바른 소리를 못하니까 싫어하는 사람들이 있더라구요. 최근에는 대놓고 일을 안 주기 시작했습니다. 제가 일을 못하는 것도 아닌데 그냥 직무 배제를 시켜버리고, 저성과자로 평가해 버리더군요. 이게 헌신의 결과입니까?"

저희는 회사의 요청에 따라 언제나 그렇듯 어느 한 쪽에 치우치지 않게 조사했고, 그 결과를 보고서 형태로 정리해주었습니다. 회사는 조사보고서를 바탕으로 심의를 진행했구요. 모든 절차를 마친 뒤 회사가 내린 결론은 '직장 내 괴롭힘 불성립'이었습니다. 법적으로나 절차적으로 문제가 없는 판단이었지만, 사건은 여기서 끝나지 않았습니다.

신고인은 조사와 심의 결과를 받아들이지 못했습니다. 그의 불만은 계속해서 커졌고, 결국 노동청에 진정을 넣었습니다. 이 사실을 전해 들은 인사 담당자는 속이 새까맣게 타들어가는 것 같다고 했습니다. "노무사님, 이번에는 어떻게 해야 하죠? 정말 끝이 안 보입니다."

그의 말을 들으며 신고인과의 첫 조사를 떠올렸습니다. 그날 그는 시종일관 증거의 중요성을 강조했습니다. "저도 좀 찾아봤는데요. 제 주장보다는 결국에 증거가 중요한 것 같더라구요. 그렇죠? 증거 정말 많습니다. 이메일도 있고요, 이건 제가 몰래 녹취한 거예요. 여기, 보이시죠? 저를 얼마나 무시했는지…" 그는 당장이라도 메일을 보낼 것처럼 말했습니다. 실제로 면담 조사 이후, 신고인은 저희에게 1~2시간 간격으로 수 차례 메일을 보냈습니다. 하루에만 4~5통의 메일이 왔고, 그 메일에는 몇 년 전부터 신고인이 회사에서 주고받은 업무 메일이나 대화 내역, 본인이 수행했던 업무 내역 등이 빼곡히 담겨 있었습니다.

그러나 조사 결과, 동료들의 진술은 B씨의 주장과는 조금 다른 방향을 가리키고 있었습니다. "신고인이 피해자인 건 맞을 수도 있지만, 문제를 키운 것도 본인이라고 생각합니다."거나 "제 입장에서는 쌍방 간 갈등처럼 보였어요. 한쪽의 일방적인 피해로 보긴 어렵습니다."라는 진술이 이어졌습니다. "**물론 피신고인이 잘못한 부분도 있습니다. 그 분은 기본적으로 직원들을 하대하고 무시하는 게 있어요. 그래도 신고인한테 직장 내 괴롭힘을 했는지는 잘 모르겠습니다. 신고인은 일을 잘 못했어요.**" 라는 진술도 있었구요.

회사는 결국 직장 내 괴롭힘 불성립 결론을 내렸고, 결론이 나왔을 때만 하더라도 인사 담당자는 안도의 숨을 내쉬며 이렇게 말했었습니다. "이제 다 끝난 건가요? 다시 이런 일이 없었으면 좋겠습니다." 하지만 그 기대는 오래가지 못했습니다.

괴롭힘 불성립이라는 결과를 전달받은 그 날부터 신고인은 저희도 완전히 불신하기 시작했습니다. 거의 메일 보내던 메일이 뚝 끊어졌고, 저희에게 제출했던 증거 자료를 다시 돌려달라는 말만 했습니다. 동시에 노동청에는 직장 내 괴롭힘 신고를 하고, 인사 담당자에게도 '이제 믿을 수 없기 때문에 당신과 소통하지 않겠다'고 공언했습니다.

물론 이 사건에서도 노동청은 아무런 문제점을 찾지 못했습니다. 신고인의 주장과는 달리 조사 과정이나 조사 절차, 조사보고서는 중립성과 공정성을 갖추고 있었습니다. 인사 담당자는 노동청에 출석하여 조사 과정과 심의 과정을 설명했고, 사건은 곧 '법 위반사항 없음'으로 종결처리 되었습니다. 그렇게 매듭이 지어지는 듯했습니다.

그로부터 3개월이 지난 뒤, 정말 오랜만에 인사 담당자에게 다시 전화가 왔습니다. "노무사님, 오랜만입니다. 그런데 이거 진짜 어떻게 해야 하죠? 말씀해주신 것처럼 신고인이 또 신고를 했습니다. 혹시 이번에는 다른 노무사님을 추천해 주실 수 있을까요? 저희도 계속 같은 문제로 신세 지는 게 민망해서요…" 그의 목소리에는 피로가 잔뜩 묻어 있었습니다. 법은 사건의 표면만을 정리할 뿐 사람들 사이에 남은 감정의 잔해는 쉽게 사라지지 않았습니다.

사건이 반복될수록 피로는 쌓여 갔습니다. 회사는 그들의 의무를 다했다고 할 수 있었지만, 신고인의 분노와 불신은 줄어들기는커녕 커져만 갔습니다. 이 사건은 단순히 한 사람의 억울함 이상의 것이었습니다. 그것은 조직이라는 공간에서, 서로 다른 사람들이 공존하며 생기는 끝없는 갈등의 고리였습니다.

두 사건 모두, 최초 신고 시점으로부터 6개월이 지나도 문제가 끊이지 않았습니다. 인사 담당자 입장에서는 돈과 시간을 쓰고 진정성 있게 문제를 해결해 보려 해도, 도무지 끝이 나질 않으니 시간이 지날수록 지쳐갔습니다. 직장 내 괴롭힘 사건을 맡게 되면 **"도대체 언제 끝날까요?"**라는 말을 두 번 듣습니다. 최초 계약을 할 때 한 번, 그리고 모든 일이 끝나고 시간이 지나서 또 한 번.

2-4 괴롭힘 행위자의 이야기

종종 직장 내 괴롭힘은 '노동청'이 아니라 '노동위원회'로 이어지기도 합니다. 물론, 현행법상 노동위원회가 직접 근로기준법상 직장 내 괴롭힘을 조사하거나 판단할 근거는 없기에 '직장 내 괴롭힘 구제신청'도 할 수는 없습니다. 하지만 직장 내 괴롭힘이 '성립'되어 회사가 법에 따라 이행한 인사 처분(전직/전보/징계 등)에 대해서는 '부당전직 구제신청'을 할 수 있죠. 이를 도식화 하면 다음과 같습니다.

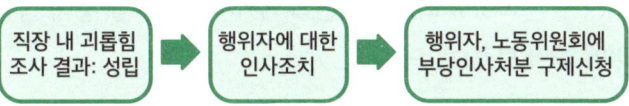

직장 내 괴롭힘이 '성립'된다고 해서 억울한 사람이 없어지지 않습니다. 회사에서는 직장 내 괴롭힘 성립에 따른 후속조치를 할 의무가 있기에, 행위자에 대해 징계 또는 필요한 인사 조치를 하게 됩니다. 행위자가 본인의 행위에 문제가 있었다는 걸 인정하고 반성하거나, 하다못해 후회라도 하면 좋겠지만 그렇지 않은 경우도 꽤 많습니다. '회사가 조사를 제대로 하지 않아서 잘못된 결과가 나왔다'라고 주장하는 것이죠.

🌱 대리인의 눈물

 근로자측 대리인은 무려 세 명이었습니다. 노무사 두 명과 변호사 한 명이 신청인 측 자리의 옆과 뒤에 앉았습니다. 그 중에서도 유독 젊은 여성 노무사님은 시작부터 울먹이는 듯 발언하시더니, 급기야 눈물을 훔치는 듯했습니다. "신청인은 현재 억울한 누명을 뒤집어 쓰고, 정신적 육체적으로 너무 힘든 나머지 삶이 무너져가고 있습니다. 오죽했으면 이렇게까지 하겠습니까? 위원님들, 회사는 신청인을 내보내기 위해 악의적으로 사실을 조작하고, 신청인을 직장 내 괴롭힘 가해자로 몰아붙여 스스로 나가도록 만들고 있습니다. 이러한 회사의 행위 자체가 진짜 직장 내 괴롭힘 입니다." 목소리는 심하게 떨리고 있었고, 훌쩍이는 소리까지 마이크를 통해 심판정에 울려 퍼졌습니다.

 사용자 측이었던 저는 속으로 혀를 내둘렀습니다. 저는 당시 직접 직장 내 괴롭힘 사건을 조사하고 심의까지 했습니다. 사실 관계를 조작할 마음은 추호도 없었을 뿐만 아니라, 오히려 신청인 자리에 앉아있는 근로자(행위자)가 참으로 집요하게 괴롭힘 행위를 했음을 잘 알고 있기에 화가 나기까지 했습니다. 물론, 겉으로는 전혀 티를 내지 않았죠. 아무런 내색을 하지 않고 공익위원들만을 바라보고 최대한 차분하게 필요한 말만 하려고 노력했습니다. 근로자 측 대리인은 계속해서 '의도적인 조작', '사실관계 왜곡', '거짓 조사' 등의 자극적인 용어를 사용했습니다. 저는 공익위원들도 근로자 측 대리인의 주장이 무리한 것임을 충분히 알 것이라고 믿었습니다.

여러 가지 구체적인 사실관계에 대한 질문이 오고간 뒤, 최후 진술을 할 때 신청인 근로자는 예의 그 젊은 여성 노무사님처럼 울먹이며 말했습니다. "저는 정말 억울합니다. 회사의 괴롭힘 판단에 따른 명예훼손과 손해배상청구도 준비하고 있습니다. 부디 올바른 판단으로 회사의 거짓 조작을 밝혀 주시고, 제가 명예롭게 퇴직할 수 있도록 도와주십시오. 주변사람들이 모두 저를 괴롭힘 가해자로 지목하고 쳐다보는 것 같아 일상 생활이 불가능합니다."

저는 최대한 신청인 근로자의 말에 동요하지 않으려고, 감정을 배제한 채로 요점만 정리해서 답했습니다. "회사는 근로기준법을 준수했을 뿐입니다. 최대한 중립적이고 공정한 입장에서 직장 내 괴롭힘 사건을 조사했고, 법적 의무에 따라 신고인의 부서를 변경한 것입니다. 본 전직발령은 근로기준법 준수를 위한 인사처분이므로 업무상 필요성은 인정되며, 그에 반해 신청인에게는 어떠한 생활상 불이익도 없었습니다. 또한 신청인과 두 차례 면담 끝에 신청인이 희망하는 부서로 발령한 것이므로 이를 회사의 권리남용이거나 근로기준법 위반이라고 할 수 없습니다."

판정 결과는 '초심유지'였습니다. 초심에서 회사가 이겼으니 재심에서도 저희가 이겼다는 의미였죠. 안도의 한숨을 내

쉬웠습니다. 이길 수 있을 거라는 생각은 했지만, '설마'하는 마음도 한편에 있었거든요. 특히 심판정에서 울먹이며 변호하던 대리인과 신청인의 모습이 어쩌면 공익위원들의 마음을 움직인 건 아닐까 하는 생각에 더욱 그랬습니다. 사실 노동 사건을 하면서, 노동위원회에서 근로자 본인(신청인)이 억울함에 울먹이거나 눈물을 흘리는 경우는 어렵지 않게 보지만 대리인이 울먹이는 경우는 이전까지 본 적이 없었습니다. 그 날 이후로 아직까지도 본 적이 없구요.

100점 만점에 3점

노동위원회 구제신청 절차를, 한 번도 아니고 두 번이나 진행한 O팀장은 무엇이 그렇게 억울했던 걸까요. 사실 몇 년이 지나 이 글을 쓰고 있는 지금도 이해가 되지 않습니다. O팀장은 다른 회사에서 이미 특정 분야의 전문성을 인정받은 사람이었고, 회사에서는 그를 통해 후임자를 양성하고자 스카우트해 온 것이었죠. 그리고 도제식 교육을 받을 수 있도록 O팀장의 밑에서 일을 배울 K사원을 O팀장과 같은 부서 팀원으로 발령했습니다. K사원은 물론 전문 기술을 전수받고자 자원해서 이동했구요. O팀장은 본인의 업무도 수행하면서 K사원에게 기본적인 업무 지식을 알려주게 되었습니다. 그때까지만 해도 아무런 문제가 없었습니다.

그런데 시간이 지날수록 O팀장은 위기감을 느꼈습니다. 계약직 신분이었기에, 계약기간이 종료되고 재계약을 하지 못하면 어떡하나 하는 걱정이 있었는데, 그 와중에 K사원 또한 점점 성장하는 게 보였거든요. 이러다가 K사원이 자신의 자리를 대체하면, 더 이상 회사에서 재계약 제안을 하지 않을 것이라는 생각이 들었습니다. 걱정은 행동으로 이어졌습니다.

하루는 O팀장과 K사원이 각자 작업을 하고 있었는데, 부서장이 들어와 O팀장에게 인사를 하며 물었습니다. "K사원은 요즘 잘 배우고 있습니까? 실력이 많이 좋아졌다고 하는데 팀장님이 보기엔 어때요?" 크게 특별할 것 없는 인사말이었죠. K사원은 바로 옆에서 작업중이었기에 이야기를 함께 들을 수 있는 상황이었구요.

"K사원? 3점 정도입니다."라는 O팀장의 답에 부서장은 잠깐 당황했습니다. 그러고는 바로 "아, 5점 만점에 3점이라는 말이지요?"라고 물었지만 O팀장은 즉시 부인했죠. **"아니요, 100점 만점에 3점이요."** 부서장은 '농담도 잘하신다'며 너털웃음을 지으며 사무실을 나갔습니다. K사원은 조용한 성격이라 아무런 반응을 보이지 않았죠.

물론 O팀장의 눈에는 K사원이 부족해 보였을 것입니다. 둘 간의 경력과 경험의 차이는 비교가 안 될 정도였으니까요. 그러나 애초에 O팀장이 채용된 주된 이유는 기술 전수를 통한 후임자 양성이었습니다. K사원은 O팀장 밑에서 2년 가까이 있으면서 빠르게 기술을 배웠고, O팀장만큼은 아니더라도 1인분은 하는 정도가 되었습니다. 그런데도 O팀장은 K사원이 있는 자리에서, 상급자인 부서장에게 들으라는 듯 100점 만점에 3점이라는 식의 조롱과 비하를 하는 것이었습니다.

O팀장의 괴롭힘은 집요하면서도 노골적이었습니다. 재계약이 안 될지도 모른다는 위기감을 느낀 이후부터, K사원에게 **'알아서 혼자 처리하라'**는 식으로 일을 주고 팁이나 노하우를 전혀 전수하지 않는 것은 물론이고, 일의 결과물에 대해 **구체적인 피드백도 없이 잘못됐다거나 부족하다고만** 말했습니다. 하루는 사무실에 부착해야 할 경고 표지를 만들라고 지시한 뒤, 결과물을 출력해오면 수정하라는 지시를 열 번이나 반복하기도 했습니다. K사원은 3시간에 걸쳐 경고 표지의 폰트, 디자인, 글자 크기, 선의 굵기, 이미지, 색상 등을 수정하고 재출력한 끝에 결국 처음에 가져갔던 결과물과 유사한 표지를 부착했습니다. 이 외에도 일상적인 비하, 조롱, 불필요한 지시 등이 2년간 지속되었던 정황을 확인할 수 있었습니다.

그럼에도 조사 자체가 쉽지 않은 사건이었습니다. 오히려 괴롭힘 피해를 당한 K사원은 본인의 인사이동을 통해 O팀장과 최대한 빠르게 분리되기만을 원했거든요. 공식 조사 절차가 진행되는 것 자체를 부담스럽게 여겼습니다. 인사기록에 남는 것도 싫었고, O팀장이 이후에 또 어떤 방식으로 불이익을 줄지 걱정되기도 했거든요. K사원으로부터 어느 정도의 신뢰를 확보한 뒤에야 조사가 진행될 수 있었고, 참고인들의 진술 및 사실관계에 기반한 심의 결과 O팀장의 직장 내 괴롭힘이 인정되었습니다.

행위자의 법감정

문제는 O팀장이 '피신고인'에서 '행위자'로 변경된 직후부터 발생했습니다. O팀장은 조사 당시에도 모든 행위를 전면 부인했는데, 판단 결과를 알고 나서부터는 회사의 조사 절차 하나하나를 문제삼기 시작했습니다. 그리고 진심으로 억울해 했습니다. "K사원에게 가르쳐 준 게 얼만데, 더 잘되라는 의미로 몇 마디 한 건데 내가 왜 갑자기 괴롭힘 행위자가 된 건지 모르겠다"고 했습니다. 회사가 자신을 내보내기 위해, 재계약을 하지 않기 위해 억지로 K사원을 부추겨 있지도 않은 직장 내 괴롭힘 신고를 하게 만들고 형식적으로 거짓 조사를 진행해 자신을 나쁜 사람으로 만들었다는 겁니다.

그러나 사실 O팀장은 이미 다음 년도에 정년이었고, 회사는 더 이상 재계약을 하기 부담스러운 상황이기도 했습니다. 조사 과정에서 알게 된 사실 중 하나는, O팀장의 괴롭힘이 본격화되기 직전에 O팀장이 직접 상급자와 인사부서에 '정년 없는 조건으로 정규직 전환 재계약'을 요청했었다는 겁니다. 상급자와 인사부서는 모두 난색을 표했죠. 정년 없는 조건으로 정규직 계약을 하는 사례는 전무했기 때문입니다.

중요한 건 괴롭힘 행위자로 판단된 O팀장이 진심으로 억울해했다는 것입니다. 당시 사건의 조사자였던 저는 O팀장이 조사 결과를 납득할 수 있도록 최선을 다해 설명했습니다. 근로기준법상의 직장 내 괴롭힘 성립요건과, 판단 근거를 안내하고 어떠한 행위들이 '업무상 적정범위'를 넘은 것인지 상세히 안내했죠. 당시에는 O팀장도 어느 정도 수긍하는 듯 보였지만, 결국 돌아온 건 지방노동위원회의 '사건 접수 안내문'이었습니다.

다행히 지방노동위원회에서는 O팀장의 구제신청을 기각했습니다. '직장 내 괴롭힘 자체가 성립되었는지 여부는 단정할 수 없으나, 확인되는 사실관계만 보더라도 O팀장의 부서를 변경할 업무상 필요성은 인정된다'라는 게 판정 요지였죠. O팀장은 지방노동위원회의 초심 판정 결과도 받아들이지 못했고, 중앙노동위원회에 재심신청을 했습니다. 초심 단계에서는 대리인 없이 혼자 억울함을 토로하던 O팀장은, 재심 단계에서는 노무사 2명과 변호사 1명을 대동하고 심판정에 왔죠.

사실, 심판정에 들어가자마자 떠오른 단어는 '법감정'이었습니다. O팀장에게는 더 이상 돈은 문제가 아니었던 겁니다. 해당 구제신청이 인용된다고 하더라도 O팀장에게는 아무런 금전적 이득이 없었거든요. O팀장의 대리인으로 선임되신 분들은 아마 상담 과정에서 O팀장의 법감정을 예리하게 파악하고 계약을 이끌어 낸 것 같았습니다. O팀장의 대리인들은 중앙노동위원회 심판정에서도 최선을 다한 것 같았죠.

　직장 내 괴롭힘 행위자일지언정, 그 자신에게는 또 자신의 '법감정'이 소중하다는 것을 느낄 수 있었던 경험이었습니다. 물론 그것이 과연 정당하고 타당한 것인지는 별개의 문제지만요. 인사 담당자, 특히 직장 내 괴롭힘 사건을 담당하게 되는 실무자 입장에서도 사건 당사자들의 이런 감정을 잘 이해하는 것이 중요하다는 것도 배울 수 있었죠.

03.
노동법의 이야기

노동법이 묻고 사람이 답하다

: 현장의 이야기들

03.
노동법의 이야기

3-1 근로계약과 인사관리

저는 노동법 강의를 나가면 **"근로계약은 '돈'과 '시간'을 교환하는 계약"**이라고 설명합니다. 근로자 입장에서 본인의 시간을 사용하지 않고 노동을 할 수는 없으니까요. 근로기준법에서는 근로계약을 다음과 같이 규정하고 있죠.

> **근로기준법 제2조(정의)**
> ① 이 법에서 사용하는 용어의 뜻은 다음과 같다.
> 4. "근로계약"이란 근로자가 사용자에게 근로를 제공하고 사용자는 이에 대하여 임금을 지급하는 것을 목적으로 체결된 계약을 말한다.

노동법의 특징 중 하나는, '형식이 아닌 실질'을 중시한다는 겁니다. 즉 '돈(임금)'과 '시간(노동력)'을 교환하는 계약이라면 그 계약의 껍데기가 어떻게 생겼는지는 중요하지 않다는 거죠. 앞서 살펴봤던 근로자의 이야기에서 상호 합의 하에 '위임계약서'를 작성했지만 '근로계약'으로 판단되면 퇴직금을 청구할 수 있다는 것도 같은 맥락에 있죠.

그리고 일단 근로계약이 체결되면 근로기준법의 적용을 받게 됩니다. 따라서 사용자에게는 근로기준법을 준수할 여러 가지 의무가 생기게 되는데, 그중 가장 중요한 것은 결국 **①근로자의 시간(노동력)에 대해 얼마를 줄 것인가? ②계약을 언제까지 할 것인가?** 입니다. ①은 '임금체불' 문제인 것이고, ②는 '해고' 문제인 것이죠. 앞에서 살펴봤던 근로자들의 이야기는 모두 '근로계약의 성립 여부'와 '근로계약의 구체적 내용'에 관한 문제였습니다.

결국 '근로계약'을 잘 체결하는 것이 중요하다는 결론에 도달하게 됩니다. 근로계약을 잘 체결하는 가장 좋은 방법은 '근로계약서'를 잘 쓰는 것이죠. 근로계약서를 제대로 쓰지 않거나 내용이 불분명하면 사용자와 근로자 모두에게 불필요한 다툼과 갈등을 불러오게 됩니다. 사회적 비용이고 손실인 것이죠. 근로계약은 구두로도 체결 가능하지만, 사용자에게 서면 교부 의무(근로기준법 제17조 제2항)를 두고 있는 것도 불필요한 사회적 비용을 줄이고자 하는 국가의 의지라고 볼 수 있습니다.

근로계약서를 잘 쓰는 방법은 간단합니다. 계약의 본질을 담고 있으면 됩니다. 근로계약은 '돈'과 '시간'의 교환이니까,

이것들을 잘 담아내면 되는 것이죠.

* 근로기준법 제17조의 내용	
돈	임금(구성항목, 계산방법, 지급방법)
시간	소정근로시간 휴일 연차 유급휴가

여기에 더해 이 계약이 언제까지 유지되는 것인지, 즉 근로계약기간을 얼마로 할 것인지만 명확하게 정하면 노동 분쟁에서 상당부분을 차지하는 '임금체불'과 '부당해고' 문제를 유의미하게 예방할 수 있습니다.

아래에서는 앞서 살펴본 근로자들의 이야기와 관련된 구체적 사안들을 노동법의 관점에서 다시 짚어보겠습니다.

헬스장 트레이너와 퇴직금: 근로자성 판단

퇴직금을 청구하려면 다음의 세 가지 조건을 충족해야 합니다.

① 근로기준법상 근로자일 것
② 계속근로기간이 1년 이상일 것
③ 초단시간 근로자(주 15시간 미만)가 아닐 것

바꿔 말하면, 위 세 가지 조건만 충족하면 법적으로 퇴직금을 청구할 수 있다는 겁니다. 헬스장 트레이너의 이야기는 ②와 ③이 아닌 ①의 문제였죠. 근로계약서를 쓰지 않았음에도 불구하고 근로기준법상 근로자라고 볼 수 있을 것인지가 가장 중요한 쟁점이었습니다. 비단 헬스장 트레이너뿐만 아니라 입시학원 및 아카데미의 강사, 미용실의 헤어디자이너, 학습지 교사 등 다양한 직종에서 일하고 있는 분들에게 해당되는 문제입니다.

가장 중요한 판단기준은 '사용종속성'입니다. 사용자에게 '종속'되어 근로를 제공하였는지 여부를 통해 근로자인지 여부를 판단하겠다는 거죠. 판례는 다음과 같이 말하고 있습니다.

> **대법원 2007. 9. 7. 선고 2006도777 판결**
> 근로기준법상의 근로자에 해당하는지 여부는 계약의 형식이 고용계약인지 도급계약인지보다 그 실질에 있어 근로자가 사업 또는 사업장에 임금을 목적으로 종속적인 관계에서 사용자에게 근로를 제공하였는지 여부에 따라 판단하여야 하고, 위에서 말하는 종속적인 관계가 있는지 여부는, 업무 내용을 사용자가 정하고 취업규칙 또는 복무(인사)규정 등의 적용을 받으며 업무 수행과정에서 사용자가 상당한 지휘·감독을 하는지, 사용자가 근무시간과 근무장소를 지정하고 근로자가 이에 구속을 받는지, 노무제공자가 스스로 비품·원자재나 작업도구 등을 소유하거나 제3자를 고용하여 업무를 대행하게 하는 등 독립하여 자신의 계산으로 사업을 영위할 수 있는지, 노무제공을 통한 이윤의 창출과 손실의 초래 등 위험을 스스로 안고 있는지, 보수의 성격이 근로 자체의 대상적(對償的) 성격인지, 기본급이나 고정급이 정하여졌는지 및 근로소득세의 원천징수 여부 등 보수에 관한 사항, 근로 제공 관계의 계속성과 사용자에 대한 전속성의 유무와 그 정도, 사회보장제도에 관한 법령에서 근로자로서 지위를 인정받는지 등의 경제적·사회적 여러 조건을 종합하여 판단하여야 한다. 다만, 기본급이나 고정급이 정하여졌는지, 근로소득세를 원천징수하였는지, 사회보장제도에 관하여 근로자로 인정받는지 등의 사정은 사용자가 경제적으로 우월한 지위를 이용하여 임의로 정할 여지가 크다는 점에서, 그러한 점들이 인정되지 않는다는 것만으로 근로자성을 쉽게 부정하여서는 안 된다.

실무에서의 다툼은 결국 사실관계, 즉 증거 싸움이죠. 위 판례가 제시하는 기준에 관한 증거를 얼마나 많이 제시하는

지가 관건인 겁니다. 근로자성을 인정받아야 하는 입장에서는 최대한 사용종속성 관련 증거를 확보해야 하는 것이고, 반대로 근로자성을 부정해야 하는 입장에서는 최대한 반대 증거를 확보해야 하는 것이죠. 실제 사건에서 가장 많이 제출되는 증거 자료들은 다음과 같습니다.

업무 내용 및 지휘감독 관련	업무 지시서, 매뉴얼, 내부 규정 업무 보고서, 회의록 업무 관련 이메일, 메신저 대화 내용 업무 평가서, 성과 평가 자료 휴가 신청 및 보고 내역 지각, 조퇴, 외출 관리 내역
근무 시간 및 장소 관련	출퇴근 기록(근태 관리 대장, 문자 메시지) 근무 일정표, 스케줄표 교통카드 이용 내역 GPS 기록, 차량 운행 일지
보수 지급 및 세금 관련	계좌 입금/송금 내역 급여 명세서, 지급 내역서
업무 도구 및 장비 관련	업무용 차량, 컴퓨터, 전화기 등 제공 여부
계약 관계 및 전속성 관련	계약서 사업자 등록증 타인 고용 여부

헬스장 트레이너의 경우에도, 제가 가장 먼저 확인한 것은 메신저 내용이었죠. 특히 출퇴근 지시(근태관리)나 업무 수행 관련 지시 혹은 보고 내역을 확인했습니다. 그리고 계좌에 입금된 급여 내역 및 최소 금액(기본급)이 있었는지를 확인했죠. 사용종속성을 확인할 수 있는 가장 중요한 증거자료들이거든요. 그 외에는 '다른 곳에서도 일을 할 수 있었는지', '일할 때 본인의 도구를 사용하였는지', '회원 수업만 한 것인지 혹은 헬스장 청소나 비품정리 및 회원 관리 등 행정업무도 하였는지' 등을 확인했습니다.

  사용자나 인사 담당자 입장에서는, 근로계약이 아닌 위임계약(프리랜서)을 한다면 '사용종속성'을 철저히 배제해야겠죠. 지휘명령을 해서도 안 되구요. 시간과 장소를 구속하거나, 최소한도로 지급한 기본급이 있거나, 휴가 및 지각/조퇴/외출 등 근태관리를 하거나, 징계 등 인사관리를 한다면, 서로 합의해서 위임계약서를 쓰고 사업소득세(3.3%)만 공제한다 하더라도 사후에 소급해서 근로계약으로 판단될 수 있습니다. 퇴직금 미지급 합의를 추가로 했어도, 당연히 법적인 효력은 없습니다. 노동법은 형식보단 실질을 중시하고, 임의규정이 아닌 강행규정이기 때문이죠.

  또한 근로계약이 필요하다면, 경영의 관점에서 단순히 기본급 및 4대보험만 인건비로 계산하면 안 됩니다. 1년 이상 근로계약을 유지해야 한다면, 법적으로 반드시 지급해야 하는 '퇴직금'까지 최소 인건비에 포함해서 비용을 산출해야 합니다. 거기에 더해 상시 근로자 수가 5인 이상인 사업장이라면 계속 근로기간 1년이 지났을 때 발생하는 15일의 연차 유급휴가도 인건비에 포함해야 합니다. 근로자가 해당 연차 유급휴가를 사용하지 않고 퇴사하면 수당으로 지급해야 하기 때문이죠. 이런 비용들은 지급하지 않을 수 없습니다. 간혹 '퇴직금 안 줄 수 없나요?'라고 묻는 분들이 계신데, 그럴 수는 없습니다. 물건을 살 때 원하지 않아도 부가가치세를 내는 것과 같은 겁니다.

스타트업 프로그래머와 임금체불: 근로기준법상 임금

근로기준법 제43조는 임금지급의 원칙을 다음과 같이 규정하고 있습니다.

> **근로기준법 제43조(임금 지급)**
> ① 임금은 **통화(通貨)로 직접** 근로자에게 그 **전액**을 지급하여야 한다. 다만, 법령 또는 단체협약에 특별한 규정이 있는 경우에는 임금의 일부를 공제하거나 통화 이외의 것으로 지급할 수 있다.
> ② 임금은 **매월 1회 이상 일정한 날짜를 정하여 지급**하여야 한다. 다만, 임시로 지급하는 임금, 수당, 그 밖에 이에 준하는 것 또는 대통령령으로 정하는 임금에 대하여는 그러하지 아니하다.

즉, 임금은 '통화'로 '직접' 근로자에게 '전액'을 '매월 1회 이상' 지급해야 합니다. 이를 임금지급의 4대원칙(통화지급/

직접지급/전액지급/정기지급)이라고도 합니다. 그리고 이를 위반하면 최대 3년 이하의 징역 또는 2천만 원 이하의 벌금에 처해질 수 있습니다(근로기준법 제109조). 임금은 근로자의 생존과 직결된 만큼, 이를 지급하지 않거나 지연 지급하는 행위는 단순한 계약 위반을 넘어, 근로자의 생계를 위협하고 노동의 대가를 정당하게 보장하지 않는 심각한 범죄로 간주되는 것이죠.

그렇다면 구체적으로 임금을 '얼마나' 주어야 할 것인지가 다음 문제입니다. 사용자가 근로자에게 지급하는 모든 금품이 근로기준법상의 임금이라고 단정할 수는 없습니다. '근로제공의 대가'가 아닌 은혜적, 호의적으로 지급됐거나 실비변상 차원에서 지급된 비임금성 금품도 분명히 존재하기 때문이죠. 또한, '근로의 대가'로 지급된 임금 중에서도 '그 지급 여부가 사전에 확정'되어 있으면서 '정기성'과 '일률성'이 있으면 통상임금이 될 수 있는데요. 이런 구조를 정확하게 이해하는 것이 중요합니다.

참고로 '평균임금'은 '임금평균'이라고 이해해도 무방합니다. '평균임금이 통상임금보다 적으면 통상임금액을 평균임금으로 한다'(근로기준법 제2조 제2항)라는 법조문 때문에, 명칭도 얼핏 비슷한 평균임금과 통상임금의 개념이 섞여서 헷갈릴 수 있는데요. 둘의 개념상 층위가 다른 것을 이해한다면 헷갈리지 않을 것입니다.

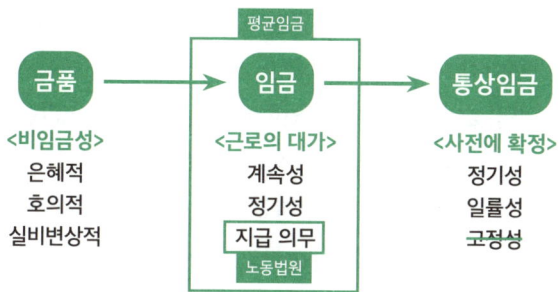

 스타트업 프로그래머분의 경우, 최소한도의 체불임금을 계산하는 것은 어렵지 않았습니다. 근로계약서를 작성했기 때문이죠. 근로계약서상 명시된 임금을 지급하지 않은 것은 임금 전액지급의 원칙 위반임이 명백합니다. 하지만 계약서에 기재된 임금이 전부가 아닐 수 있습니다. 체불임금액은 계약서에 기재된 임금뿐만 아니라 연장/야간/휴일근로 가산수당, 연차유급휴가 미사용수당, 퇴직금 등을 추가로 확인해 봐야 정확하게 알 수 있습니다. 이에 더해 사용자가 지급하기로 한 스톡옵션이나 추가 성과급, 상여금 등이 있다면 이 또한 체불임금에 포함될 수 있죠.

 당시 정확한 체불임금을 확인해 볼 수는 없었지만, 최소한도의 금액만 계산하더라도 8천만 원 정도로 추정할 수 있었던 것은 증명할 수 있는 자료만 가지고 확인된 '근로기준법상 임금'이 그 정도였기 때문입니다. 사업주나 인사 담당자 입장에서는 근로계약서 외에도 출퇴근 기록, 업무 지시 내역, 연차유급휴가 발생 및 사용 내역 등을 평소에 정확하게 관리해야 합니다. 특히 근로자가 연장/야간/휴일근로 가산수당을 청구한다면 실제로 그러한 근로 제공이 있었는지, 사용자의 승인이 있었는지 등을 확인해야 합니다. 의도치 않은 임금체불 예방을 위해서라도 인건비 예측은 정확하게 이루어져야 합니다. 법적으로 반드시 지급해야 하는 금액을 정확하게 산정해야 최소 인건비를 산출하고, 회사의 경영 상황에 맞게 인력 운영을 할 수 있죠. 임금체불도 상당부분 예방할 수 있을 것이구요.

임금체불죄는 반의사불벌죄(근로기준법 제109조 제2항)이기 때문에, 피해자인 근로자가 사용자의 처벌을 원하지 않으면 사용자를 처벌할 수 없습니다. 그러다 보니 실무에서는 사용자가 체불임금을 지급하는 조건으로 근로자의 처벌 불원 의사표시를 받는 내용으로 합의를 하기도 합니다. 근로자 입장에서는 체불된 임금을 보다 빠르게 받을 수 있는 일종의 협상 카드처럼 활용할 수 있지만, 오히려 임금체불죄가 반의사불벌죄이다 보니 처벌의 실효성이 약화되고 체불임금 예방을 위한 억지력을 떨어뜨린다는 비판도 있습니다. 참고로, 2024년 11월까지의 임금체불액은 1조 8천억 원(2023년 1조 7천억 원)에 달했습니다.

🪶 수습근로자 본채용 거절: 해고

근로기준법상 '해고'는 '근로자의 의사에 반하여 사용자가 일방적으로 근로계약을 종료하는 행위'를 의미합니다. 이

때도 명칭은 중요하지 않습니다. 권고사직, 직권해직, 직권면직, 의원면직, 명예퇴직 등등 다양한 유형의 근로계약 종료 방식이 있지만, 가장 중요한 것은 '근로자의 의사에 반하여 근로계약이 종료되었는지 여부'입니다. 수습계약 또는 시용계약 등을 체결한 뒤 해당 근로자에 대한 본채용을 거절하는 것도 동일합니다. 근로자는 계속 근로를 희망하는데, 사용자가 일방적으로 근로계약 종료를 통보하는 것은 그 형태가 '본채용 거절'이라고 하더라도 근로기준법상의 '해고'에 해당합니다. 그리고 근로기준법은 정당한 이유 없는 해고를 하지 못하도록 규정하고 있습니다.

> **근로기준법 제23조(해고 등의 제한)**
> ① 사용자는 근로자에게 **정당한 이유 없이** 해고, 휴직, 정직, 전직, 감봉, 그 밖의 징벌(懲罰)(이하 "부당해고등"이라 한다)을 하지 못한다.

이때 '정당한 이유'란 '사회통념상 고용관계를 계속할 수 없을 정도의 사유'인데요. 판례의 자세한 표현은 다음과 같습니다.

> **대법원 2003. 7. 8. 선고 2001두8018 판결**
> 해고는 사회통념상 고용관계를 계속할 수 없을 정도로 근로자에게 책임 있는 사유가 있는 경우에 행하여져야 그 정당성이 인정되는 것이고, 사회통념상 당해 근로자와의 고용관계를 계속할 수 없을 정도인지의 여부는 당해 사용자의 사업의 목적과 성격, 사업장의 여건, 당해 근로자의 지위 및 담당직무의 내용, 비위행위의 동기와 경위, 이로 인하여 기업의 위계질서가 문란하게 될 위험성 등 기업질서에 미칠 영향, 과거의 근무태도 등 여러 가지 사정을 종합적으로 검토하여 판단하여야 한다.

실무적으로는 이러한 정당성이 인정되는지를 '사유', '절차', '양정'의 측면에서 하나씩 판단합니다. 즉, 해고의 '사유', '절차', '양정'이 모두 정당해야 정당한 이유가 인정됩니다. 수습근로자에 대한 본채용 거절도 해고이기에 큰 틀에서는 동일한 기준으로 정당성을 판단하게 되는데요. 그래도 통상적인 근로자에 비해서는 정당한 이유의 범위를 비교적 넓게 인정해주고 있습니다.

> **대법원 2006. 2. 24. 선고 2002다62432 판결**
> 시용(試用)기간 중에 있는 근로자를 해고하거나 시용기간 만료시 본계약(本契約)의 체결을 거부하는 것은 사용자에게 유보된 해약권의 행사로서, 당해 근로자의 업무능력, 자질, 인품, 성실성 등 업무적격성을 관찰·판단하려는 시용제도의 취지·목적에 비추어 볼 때 보통의 해고보다는 넓게 인정되나, 이 경우에도 객관적으로 합리적인 이유가 존재하여 사회통념상 상당하다고 인정되어야 한다.

판례의 이러한 태도 때문에, 수습(시용) 근로자가 본채용 거절을 당한 경우 근로자 측을 대리해서 '부당해고' 판정을 받아내는 경우는 많지 않습니다. 근로자 입장에서는 '본채용을 거절할 만큼의 합리적이고 정당한 이유가 없다'고 주장하겠지만, 사용자 입장에서 이를 반박하는 것은 어렵지 않기 때문입니다. 가장 쉬운 방어 자료는 바로 '수습 평가표'입니다. 체계와 형식이 잘 갖춰져 있을수록 회사가 방어에 성공할 확률은 높아집니다.

실제로 노동위원회 판정 사례를 보면, 회사의 정당한 이유가 인정된 사건의 핵심 근거는 거의 대부분 '수습 평가표'입니다. ▲ 구체적이고 객관적인 평가 기준에 의해 평가가 이루어진 것이고, ▲ 근로계약서 및 취업규칙 등에도 본채용 거절의 근거가 있고, ▲ 평가 결과가 회사에서 미리 정해둔 기준에 미달하는 경우라면 해당 수습(시용)근로자에 대한 사용자의 '본채용 거절', 즉 '해고'에 정당한 이유가 인정되는 것이 일반적입니다. 물론, 근로자 입장에서는 다소 억울할 수도 있습니다. 이러한 자료들은 사용자가 언제든지 만들어낼 수 있기 때문이죠.

사용자나 인사 담당자 입장에서는, 수습(시용) 기간을 두는 경우 특별히 주의해야 할 부분이기도 합니다. 수습 평가 및 본채용 거절 여부에 대한 근거가 명확하게 있는지 확인해야 하고, 객관적이고 구체적인 기준에 따라 적절한 평가가 이루어지는지도 확인해야 합니다. 1인의 평가자가 아닌, 2인 이상 다수의 평가자가 평가에 참여한다면 공정성을 더 확보할 수 있습니다.

중요한 것은, 수습(시용) 기간이라고 하더라도 완전히 자유롭게 근로자를 내보낼 수는 없다는 겁니다. 근로계약서상 명시된 근로계약기간 동안에는 근로자의 의사에 반해서 근로계약을 종료하면 어찌됐든 근로기준법상 '해고'에 해당하니까요. 근로기준법상의 해고에 해당하기 때문에, 이에 필요한 절차인 서면통보(근로기준법 제27조)도 반드시 이루어져야 합니다. 그 외의 '정당한 이유'는 구체적이고 객관적인 수습기간 평가를 통해 준비하면 됩니다.

자리 비움과 감봉: 징계의 정당성

기본적으로 인사권은 사용자의 고유권한이기 때문에 인사권의 일종인 징계권 역시 당연히 사용자에게 인정되는 권한이기는 합니다. 판례도 동일한 관점에서 징계권을 바라보고 있습니다.

> **대법원 1994. 9. 30. 선고 94다21337 판결**
> 근로자의 상벌 등에 관한 인사권은 사용자의 고유권한으로서 그 범위에 속하는 징계권 역시 기업운영 또는 노동계약의 본질상 당연히 사용자에게 인정되는 권한이기 때문에 그 징계규정의 내용이 강행법규나 단체협약의 내용에 반하지 않는 한 사용자는 그 구체적 내용을 자유롭게 정할 수 있고, 그 규정이 단체협약의 부속서나 단체협약 체결절차에 준하여 제정되어야 하는 것은 아니다.

물론 눈치가 빠른 분이라면, 앞서 살펴본 근로기준법 제23조 제1항에서 금지하는 행위가 단순히 '해고'에 국한되지 않는다는 점을 이미 알아차리셨을 것입니다. 근로기준법에 따르면 해고뿐만 아니라 정직, 감봉, 그 밖의 징계에도 '정당한 이유'가 있어야 하기에, 근로자로서는 징계가 부당하다고 느끼면 해당 조문을 근거로 구제신청을 할 수 있습니다.

> **대법원 2021. 11. 25. 선고 2019두30270 판결**
> 근로자의 어떤 비위행위가 징계사유로 되어 있는지는 구체적인 자료들을 통하여 징계위원회 등에서 그것을 징계사유로 삼았는지 여부에 의하여 결정되어야 하고, 그 비위행위가 <u>정당한 징계사유에 해당하는지 여부는 취업규칙상 징계사유를 정한 규정의 객관적인 의미를 합리적으로 해석하여 판단하여야 한다.</u> 취업규칙은 노사 간의 집단적인 법률관계를 규정하는 법규범의 성격을 갖는 것이므로 명확한 증거가 없는 한 그 문언의 객관적 의미를 무시하게 되는 사실인정이나 해석은 신중하고 엄격하여야 한다.

먼저, '사유의 정당성'에서는 징계사유로 삼은 해당 근로자의 비위 행위가 단체협약 및 취업규칙 등에 규정되어 있을 것을 요구합니다. 다만 단체협약 및 취업규칙 등에 규정되어 있다고 해서 사유의 정당성이 반드시 인정되는 것은 아니고, 근로기준법 제23조 제1항에 따라 사회통념에 비추어 구체적으로 판단해야 합니다.

> **대법원 2001. 4. 10. 선고 2000두7605 판결**
> 취업규칙 등에서 근로자를 징계하고자 할 때에는 징계위원회의 의결을 거치도록 명하고 있는 경우, 이러한 <u>절차를 거치지 아니하고 한 징계처분은 원칙적으로 효력을 인정할 수 없는 것</u>이나 다만, 사용자와 노동조합 사이에 근로자에 대한 징계절차를 취업규칙에 정해진 징계절차보다 근로자에게 유리한 방식으로 운영하기로 합의가 이루어져 상당한 기간 그 합의에 따라 징계절차가 운영되어 왔고, 이에 대하여 근로자들도 아무런 이의를 제기하지 아니하였다면, 그와 같은 징계절차의 운영은 취업규칙의 징계절차에 따르지 않았다고 하더라도 그 효력을 부인할 수는 없다.

다음으로, '절차의 정당성'에서는 단체협약 및 취업규칙에 규정된 징계절차를 반드시 거칠 것을 요구합니다. 다만 단체협약이나 취업규칙에 그러한 징계절차가 규정되어 있지 않다거나, 취업규칙 자체가 없는 경우에는 별도의 절차를 거치지 않더라도 징계의 정당성은 부정되지 않습니다.

> **대법원 2004. 6. 25. 선고 2002다51555 판결**
> 징계권의 행사가 임용권자의 재량에 맡겨진 것이라고 하여도 공익적 목적을 위하여 징계권을 행사하여야 할 공익의 원칙에 반하거나 일반적으로 징계사유로 삼은 <u>비행의 정도에 비하여 균형을 잃은 과중한 징계처분</u>을 선택함으로써 <u>비례의 원칙에 위반하</u>거나 또는 합리적인 사유 없이 같은 정도의 비행에 대하여 <u>일반적으로 적용하여 온 기준과 어긋나게 공평을 잃은 징계처분</u>을 선택함으로써 <u>평등의 원칙에 위반한</u> 경우에 이러한 징계처분은 <u>재량권의 한계를 벗어난 처분으로서 위법</u>하다.

마지막으로, '양정의 정당성'에서는 근로자의 비위행위에 부합하는 정도의 징계를 해야 하며 기존에 적용해 온 기준이 있다면 이와 유사한 수준의 징계를 해야 할 것을 요구합니다. 이를 비례의 원칙 및 평등의 원칙이라고 합니다. 쉽게 말해, '잘못한 만큼' 징계하고 '남들만큼' 징계하라는 겁니다.

실무적으로는, 해당 징계의 '사유', '절차', '양정' 중 어떤 부분이 가장 취약한지를 찾고 그 부분을 중점적으로 공격(근로자)하거나 방어(사용자)하게 됩니다. 셋 중에서 절차는 객관적으로 했는지 안 했는지만 확인하면 되기에 판단이 그나마 쉬운 편이지만, 사유와 양정은 주관적으로 설득력이 있는지를 확인해야 하기에 판단이 쉽지 않습니다. 주장하는 논리와 제출하는 구체적 근거 자료에 따라 생각이 얼마든지 달라질 수 있는 부분이거든요.

결국 근로자든 사용자든, 징계에 대해 부당성을 주장하거나 정당성을 주장해야 한다면, ① 절차를 이행했는지, ② 비위행위를 증명할 수 있고 취업규칙에 기재되어 있는지, ③ 비례성과 평등성(형평성)을 갖추고 있는지 확인하면 됩니다. 역시나 구체적이고 객관적인 증거 자료를 하나라도 더 확보하는 게 관건이며, 어떤 증거 자료를 어떻게 활용해서 주장의 설득력을 높일지를 고민하는 것이 핵심이겠습니다.

3-2 직장 내 괴롭힘 예방과 대응

2019년 7월 16일 직장 내 괴롭힘 금지법(근로기준법 제76조의2)이 시행된 이후, 어느덧 5년이 넘는 시간이 흘렀습니다. 하지만 여전히 많은 조직에서 직장 내 괴롭힘 예방과 대응은 쉽지 않은 과제입니다.

> **근로기준법 제76조의2(직장 내 괴롭힘의 금지)**
> 사용자 또는 근로자는 직장에서의 <u>지위 또는 관계 등의 우위</u>를 이용하여 <u>업무상 적정범위를 넘어</u> 다른 근로자에게 <u>신체적·정신적 고통을 주거나 근무환경을 악화시키는 행위</u>(이하 "직장 내 괴롭힘"이라 한다)를 하여서는 아니 된다.

특히, 앞에서도 언급했듯 법적 판단에서는 '상호 갈등'이나 '의견 충돌'과 '직장 내 괴롭힘'을 명확히 구분해야 합니다. 위 법 조문에서 확인할 수 있는 직장 내 괴롭힘 판단 기준은 다음과 같습니다.

우위성	우위성은 조직 내 공식적 지위(예: 상사와 부하직원 간 관계)뿐 아니라 비공식적 영향력(예: 집단 내 다수 대 소수, 특정 집단의 배타적 권력)을 포함합니다.
업무상 적정범위 초과성	업무상 적정범위는 괴롭힘으로 지목된 행위(지시나 평가 등)가 근로계약서나 취업규칙상 직무 범위에 해당하는지를 기준으로 판단합니다. 추가로 그러한 행위에 사회통념상 상당성(합리성)이 있는지를 통해 최종적으로 업무상 적정범위를 초과했는지 확인합니다.
신체적 정신적 고통	피해자의 건강 상태 악화, 업무 수행 능력 저하 등의 실질적 결과가 나타나는 경우 이를 판단의 근거로 삼습니다.

실무에서 가장 판단이 어렵고 당사자간 다툼이 첨예한 영역은 역시 '업무상 적정범위 초과성'입니다. 객관적으로 봤을 때도 정상적인 업무 수행과는 아무런 상관이 없는 행위라면 업무상 적정범위를 초과한 것으로 볼 수 있습니다. 대표적인 것이 바로 폭언과 폭행이죠. 욕설이나 폭력이 필요한 업무는 없으니까요. 문제는 대부분의 직장 내 괴롭힘 신고 사건에서 지목되는 괴롭힘 행위들은 판단이 쉽지 않을 정도로 애매한 영역에 있다는 거죠. 자칫하면 정당한 업무지시까지 직장 내 괴롭힘으로 지목될 수 있거든요.

고용노동부 또한 이러한 사실을 알고 있기에 다음과 같이 '성과향상 촉진조치'와 '직장 내 괴롭힘'을 구분하여 판단하도록 가이드하고 있습니다.

성과향상 촉진조치	대상 근로자 성과 평가 결과에 대한 적절한 피드백
	성과 향상을 위한 충분한 정보와 시간 부여
	명확한 개선 목표의 제시
	성과 향상 독려 조치가 규정된 절차에 따라 진행
	정당한 관리자에 의한 성과 향상 독려 조치
직장 내 괴롭힘	담당 업무 이외의 일을 추가로 수행하도록 강요
	정당한 평가자가 아닌 제3자에 의한 평가결과 공개
	대상 근로자의 성과 공개적 비난
	성과 향상 및 목표 달성 요구 기간이 지나치게 짧음
	달성 불가능한 목표 제시(제시된 목표의 추상성)
	성과 향상 독려 과정에서 대상자 또는 주변인의 인격에 대한 부당한 평가와 비난 수반 또는 반복
	성과 향상을 명목으로 신체적/정신적 폭력 수반
	직무 능력 향상 및 성과 평가와 전혀 무관한 사람에 의해 성과 향상 명목으로 지적/질책 반복

이를 참고하여 관리자급 근로자들에는 특히 '성과향상 촉진조치'가 '직장 내 괴롭힘'으로 넘어가지 않도록 반복 교육할 필요가 있겠습니다. 교육이 가장 좋은 예방입니다.

근로자들의 이야기에서도 살펴봤지만, 직장 내 괴롭힘은 단순히 개인 간의 갈등 문제로 끝나지 않습니다. 조직 내 신뢰를 훼손하고, 업무 생산성을 저하시키며, 나아가 조직 전체의 평판에도 악영향을 미칠 수 있습니다. 주기적으로 근로자들에게 '직장 내 괴롭힘 예방 교육'을 실시하는 것 외에도 자체적으로 '직장 내 괴롭힘 실태조사'를 하는 것도 문제를 빠르게 확인하고 더욱 커지기 전에 해결할 수 있는 좋은 방법입니다.

직장 내 괴롭힘 예방 및 조치를 위한 실태조사 (예시 - 일부 인용)
[직장 내 괴롭힘 인식 및 경험에 관한 질문]

5. 귀하는 '직장 내 괴롭힘'이 무엇인지 알고 계십니까?
① 전혀 모른다　　　　　　　② 잘 모른다
③ 조금 알고 있다　　　　　　④ 잘 알고 있다

6. 귀하는 '직장 내 괴롭힘'의 성립 요건 3가지에 대해서 알고 계십니까?
① 전혀 모른다　　　　　　　② 잘 모른다
③ 조금 알고 있다　　　　　　④ 잘 알고 있다

7. 귀하는 최근 1년 동안 회사에서 다음과 같은 상황을 겪은 적이 있으십니까? (20 항목, 복수 응답)
① 직무능력이나 업무수행결과 및 성과에 대해 인정받지 못하거나 조롱당함
② 본래 수행해야 하는 직무와 무관하게 어렵고 단순반복적인 업무를 지시받음
③ 업무 수행과 관련된 중요한 정보나 기본적인 의사결정 과정에서 무시함

④ 교육, 승진, 평가 등에서 합리적 이유 없이 차별당함
⑤ 취업규칙상 보장된 휴가 등 복지혜택을 사용하지 못하도록 직접적인 압력을 받음
⑥ 근무시간 혹은 휴식시간에 필요이상으로 감시당함
⑦ 회사 업무와 무관한 특정인의 개인적인 일을 수행하도록 지시받음
⑧ 위험한 업무를 지시할 때, 주의사항에 대해서 충분한 설명을 하지 않음
⑨ 나의 사생활에 대한 평가나 소문이 퍼뜨려짐
⑩ 위협적인 행동 또는 물리적 폭력을 당함
⑪ 위협적인 말 또는 욕설을 들음
⑫ 회사 업무와 무관한 특정인의 개인적인 약속 참여를 강요함
⑬ 임금의 일부를 강제로 각출하도록 함(상납)
⑭ 부당하게 의심하거나 누명을 씌우려고 함
⑮ 회사 내 문제를 신고하거나 발설하지 못하게 함
⑯ 근로계약상 근무시간 외에 근무를 하도록 강요함
⑰ 불법적인 행위를 수반한 업무 수행을 지시함
⑱ 업무상 문제 발생 시 모든 책임을 전가함
⑲ 정당한 문의사항이나 건의사항을 무시함
⑳ 부서이동이나 직무변경 또는 퇴사를 강요함

(이하 생략)

 이외에도 사업주가 직접 '직장 내 괴롭힘 근절을 위한 선언문'을 작성하여 사업장 내에 걸어두고, 근로자들에게도 '직장 내 괴롭힘 근절 서약'을 받는 등 캠페인을 실시하면 별도의 비용을 들이지 않고도 실효성을 기대할 수 있습니다.

물론, 사용자나 인사 담당자가 아무리 진정성 있게 직장 내 괴롭힘을 뿌리 뽑고자 노력해도 사건은 발생할 수 있습니다. 그런 경우에는 이를 방치하거나 단순히 '개인 간 문제'로 치부해서는 안 됩니다. 특히 신고인이 노동청에 진정까지 제기한 상황이라면 근로기준법 및 취업규칙 상의 절차를 정확하게 준수하는 것은 기본이고, 한 번의 조사와 심의로 문제가 끝나지 않을 수 있음을 염두에 두어야 합니다. 즉, 장기전을 준비해야 할 수도 있다는 겁니다. 노동청 제출 외에도 노동위원회나 언론, 국민권익위원회에도 자료 제출이 필요할 수 있으므로 더더욱 철저하게 준비하는 것이 좋습니다. 사건의 유형이나 크기를 막론하고 기본적으로 반드시 갖춰야 할 서류 양식은 다음과 같습니다.

- 신고인 최초 상담일지(신고인 희망조치사항 청취 및 기재)
- 신고인, 참고인, 피신고인 진술서 및 제출 자료
- 신고인, 참고인, 피신고인 비밀유지서약서
- 직장 내 괴롭힘 조사 결과 보고서
- 직장 내 괴롭힘 심의 결과 보고서(조사 결과 보고서와 통합 가능)
- 합의서 및 신고 취하서(당사자 간 합의 성립시)

인사 담당자 입장에서는 직장 내 괴롭힘 업무를 맡게 될 때, 아래 그림을 확인하고 경우의 수를 정리해본 뒤 대응 하는 것이 좋겠습니다.

직장 내 괴롭힘 심의 결과에 따라 기업이 염두해야 하는 경우의 수

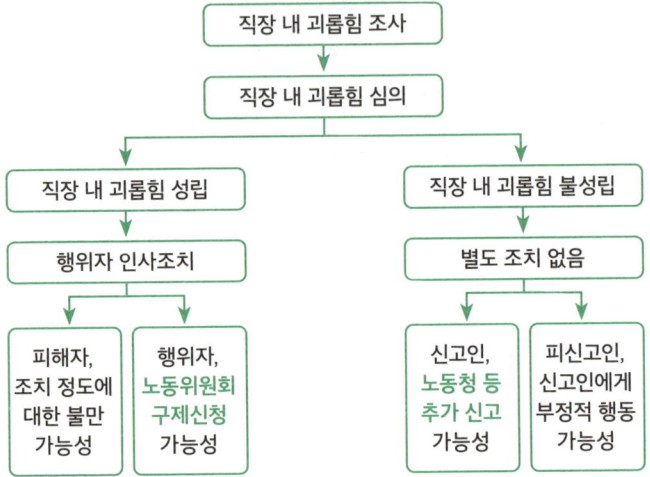

 다양한 형태의 직장 내 괴롭힘 사건을 경험하면 할수록 조사와 심의가 능사가 아님을 느낍니다. 그렇기에 오히려 공식 조사 및 심의보다는 당사자 간 합의의 가능성을 먼저 확인해 보는 것도 좋은 방법일 수 있습니다. 이를 위해서는 인사 담당자의 중재 능력이 필요합니다. 최초 상담 단계에서 신고인의 주장에 어느 정도 신빙성이 있다면 합의 의사를 확인해보고, 신고인과 피신고인 모두가 만족할 만한 합의점을 찾아낼 수 있다면 가장 이상적입니다.

물론 쉽지 않겠지만, 합의 취하로 사건이 종결되면 노동청 및 노동위원회 등 외부 기관으로까지 문제가 확장되거나 이어질 일도 없습니다. 신고인이나 피신고인이 끝까지 결과를 수긍하지 못하고 인정하지 못할 일도 없습니다. 100% 만족은 못 할지라도, 각자가 자발적으로 동의한 것이기 때문이죠. 어쩌면 합의야말로 가장 효과적이면서도(Effectiveness) 효율적인(Efficiency) 해결책일지도 모르겠습니다.

혹은 '기타 절차'로 별도 인사조치로 문제를 해결할 수도 있습니다. 이는 직장 내 괴롭힘 문제도 고충 처리의 일환으로 보는 방법인데, 의외로 많은 신고인이 이 방법을 희망하기도 합니다. 회사에서 인사이동을 할 여력이 있어야 한다는 점이 이 방법의 가장 어려운 점이기는 하지만, 그럴 여력만 있다면 가장 빠르고 수월한 고충 해결 방식이기도 합니다.

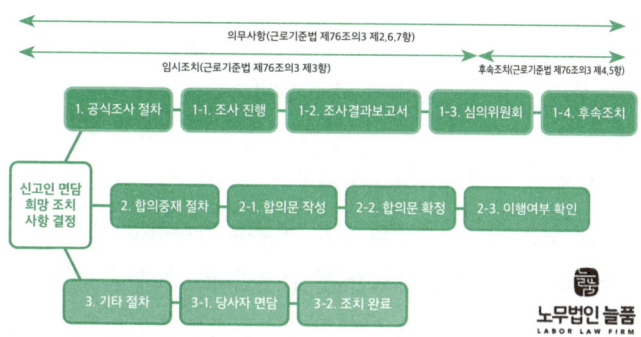

3-3 노동청과 노동위원회

　노동분쟁이 사업장 안에서 해결되지 못하면, 근로자는 노동청과 노동위원회를 찾아가게 됩니다. 노동 현장에서 갈등이 발생하는 것은 흔한 일이지만, 이를 해결하기 위해 법적 절차로 넘어가는 순간, 사건은 단순한 개인적 문제를 넘어선 사회적 문제로 확장됩니다. 노동청과 노동위원회는 이 갈등을 조정하고 법적으로 해결하기 위한 중요한 기구로서, 근로자와 사용자 모두에게 결코 가고 싶지는 않지만 꼭 필요한 공간입니다.

　노동청과 노동위원회에 의한 분쟁 해결 절차는 단순히 법적 문제만을 다루는 것이 아니라, 근로자와 사용자의 신뢰 회복과 공정한 근로환경 조성을 위한 중요한 단계입니다. 이를 보다 깊이 이해하기 위해, 노동청과 노동위원회의 역할을 근로자와 사용자 관점에서 나눠 살펴보겠습니다.

　<노동청: 노동사건의 경찰서>
　노동청은 근로기준법의 준수 여부를 감독하고, 행정적 구제를 제공하는 가장 중요한 첫 관문입니다. 노동관계법령에 있어서 경찰서의 역할을 담당합니다. 노동청의 근로감독관분들은 실제로 '특별사법경찰관'이기도 합니다. 근로자가 노동

청에 진정을 제기하는 가장 대표적인 사례는 '임금체불(각종 수당 및 퇴직금 포함)'인데요. 최근에는 '직장 내 괴롭힘' 사건에 대한 진정이 기하급수적으로 증가하고 있다고 합니다.

'근로감독'을 통해 노동청이 먼저 사업장에 찾아가서 노동법 위반 사항을 확인하고 시정 지시를 하는 것도 노동청의 주요 업무입니다. 근로감독은 정기감독(사업장 근로감독 종합 시행계획에 따라 실시), 수시감독(사업장 근로감독종합 시행계획 확정 이후 노동관계법령 위반 가능성이 있다고 판단되는 사업장), 특별감독(사회적 물의를 일으킨 사업장)등으로 나뉘어져 있습니다. 근로감독에서 가장 많이 지적되는 법 조항으로는 근로기준법 제17조(근로계약 서면명시 및 교부), 제93조 및 제94조(취업규칙 미신고 또는 법령 미달), 남녀고용평등법 제13조(직장 내 성희롱예방교육 관련) 등이 있습니다.

노동청의 근로감독 제도와 연계해, 한국공인노무사회가 수행 중인 '근로조건 자율개선 사업'도 있습니다. 노동청이 직접 근로감독을 나가기 전에, 사업장에서 자율적으로 법 위반 사항을 점검하고 개선할 수 있도록 지원하는 건데요. 공인노무사가 해당 사업장에 방문해 근로감독 사항을 직접 확인하고 개선 사항이 있으면 지적하기도 합니다. 근로조건 자율개선 사업에 참여한 사업장은 당해 연도 근로감독 대상에서 제외(면제)되는 혜택이 있습니다.

물론, 진정·고소·고발 사건 외에 일반적인 노동 행정 업무(취업규칙, 퇴직연금, 인허가, 대지급금 관련, 파견사업 관련, 노동조합 설립 관련, 사내복지기금 및 우리사주조합 관련, 노사협의회 관련, 노무법인 설립 관련)도 노동청에서 담당하고 있습니다.

-근로자의 관점

근로자가 노동청에 진정을 제기하는 이유는 대부분의 경우 돈을 못 받았기 때문입니다. 앞서 살펴본 근로기준법 제43조(임금 지급) 위반, 즉 임금체불인 거죠. 기본급 외에도 연장, 야간, 휴일근로 가산수당이나 연차수당, 주휴수당, 퇴직금 등도 '임금'의 일종이기에 체불임금에 포함됩니다.

근로자 입장에서는 본인의 근로내역을 증명할 수 있는 자료들을 최대한 많이 준비해서, 놓치는 금액이 없도록 정확하게 체불 임금액을 산정하는 게 중요합니다. 그리고 노동청에 진정을 하기로 결심한 이상, 임금체불 외에도 다른 근로기준법 위반 사항이 있는지 확인해서 함께 진정을 하는 경우가 많습니다. 대표적으로 근로계약서 미교부, 근로시간 위반(주 52시간 초과) 등이 있습니다.

-사용자의 관점

사용자에게 근로감독관의 연락과 출석 명령은 결코 달갑지 않습니다. 좋은 일로 연락이 올 일은 없으니까요. 때때로

고의로 노동청 진정 절차를 악용하려는 근로자가 사실과 다른 주장을 하거나 증거를 왜곡하여 문제를 키우려는 경우도 있습니다. 이럴 때 사용자 입장에서 중요한 것은 철저한 사전준비와 법적 의무를 준수했다는 기록입니다. 근로계약서 교부 의무를 이행했음을 보여주는 '근로계약서 교부대장', 교부가 의무화된 '임금명세서' 외에도 '연장/야간/휴일근로 내역' 및 '휴가/조퇴/외출 등 신청 내역' 등을 평소에 모아 놓기만 해도 문제가 생겼을 때 금방 대응이 가능합니다.

물론, 사용자라고 해서 '안 좋은 일'로만 노동청에 가야 하는 건 아닙니다. 취업규칙 제정 및 변경신고, 감시단속적 근로자 승인신청, 사내근로복지기금 설립인가 신청 등 일상적인 노무행정 업무를 위해 노동청을 찾는 경우도 있습니다.

노동위원회: 노동사건의 법원

노동위원회는 노·사·공익 3자로 구성된 준사법적 성격을 지닌 합의제 행정기관으로서 노동관계에서 발생하는 노사 간의 이익 및 권리분쟁을 신속하고 공정하게 **조정·판정**하여 산업평화 정착에 기여하는 것을 목적으로 합니다. 노동관계 법령에 있어서 법원의 역할을 담당합니다. 부당해고 및 부당노동행위 심판 외에도 비정규직 차별적 처우 시정, 노동쟁의의 조정, 복수노조 교섭창구 단일화 결정 등의 업무를 수행합니다.

> **근로기준법 제28조(부당해고등의 구제신청)**
> ① 사용자가 근로자에게 부당해고등을 하면 근로자는 <u>노동위원회에 구제를 신청</u>할 수 있다.
> ② 제1항에 따른 구제신청은 부당해고등이 있었던 날부터 3개월 이내에 하여야 한다.
>
> **노동조합 및 노동관계조정법 제82조(구제신청)**
> ① 사용자의 부당노동행위로 인하여 그 권리를 침해당한 근로자 또는 노동조합은 <u>노동위원회에 그 구제를 신청</u>할 수 있다.
> ② 제1항의 규정에 의한 구제의 신청은 부당노동행위가 있은 날부터 3월 이내에 이를 행하여야 한다.

노동위원회는 지방노동위원회(초심), 중앙노동위원회(재심) 및 관계 법률에서 정하는 바에 따라 설치목적이 규정된 특정사항에 관한 사건을 담당하는 특별노동위원회(초심)로 구성됩니다. 법원의 재판기능과 유사한 노동위원회의 심판기능은 3인의 공익위원 및 각 1인의 근로자위원과 사용자위원에 의해 이루어집니다. 심판은 다시 '심문회의'와 '판정회의'로 나눌 수 있습니다.

심문회의는 노동위원회 소속 조사관이 작성한 조사보고서 및 이유서와 답변서를 토대로, 5인의 위원들이 사건 당사자와 대리인에게 구체적 사실관계 등을 직접 확인하는 자리입니다. 사건에 따라 소요시간은 달라질 수 있으나 보통은 1

시간 전후로 진행됩니다. 그 자리에서 즉각적으로 답을 해야 하고, 질문도 많기 때문에 예상 답변 등 사전 준비를 잘 하는 것이 중요합니다. 심문회의가 끝나고 나면 당사자와 대리인은 역할을 다했습니다. 남은 건 3인의 공익위원들이 판정회의를 통해 최종 판정을 내리는 것입니다. 판정회의는 공개적으로 진행되지 않으며, 결과는 심문회의 당일 오후 8시에 문자 메세지로 통지됩니다.

그 외에도 두 당사자 모두 합의 의사가 있다면 심문회의 전 '화해회의'를 할 수도 있습니다. 화해회의를 하게 되면 근로자와 사용자는 각기 다른 공간에서 기다리고, 한 명의 공익위원이 양쪽을 오가며 화해조서 작성을 돕습니다. 이때 화해가 성립되면, 이는 재판상 화해와 동일한 효력을 갖기 때문에 이후 번복할 수 없습니다. 보통 이유서와 답변서를 주고 받는 단계에서 조사관이 먼저 화해의사가 있는지 확인하지만, 심문회의 시작과 함께 공익위원이 직접 당사자에게 화해의사를 재차 확인하는 경우도 있습니다.

-근로자의 관점

부당해고를 당한 근로자는 노동위원회가 마지막 희망일 수 있습니다. 물론 법원에 해고무효확인소송이나 근로자지위확인소송 등을 할 수도 있지만, 현실적으로 근로자 입장에서 소송에 들어가는 비용 및 시간을 감당하기는 쉽지 않습니다. 혹여 패소라도 하게 된다면 상대방의 소송 비용도 일부

부담해야 하므로 더더욱 부담감은 클 수밖에 없습니다.

그에 반해 노동위원회 구제절차는 비용 및 시간의 측면에서 법원보다 훨씬 부담이 없습니다. 기본적으로 노동위원회 구제신청에는 별도 비용이 들지 않으며, 최초 구제신청일로부터 60일 내에 판정이 이루어지기 때문입니다. 설령 근로자의 구제신청이 기각되더라도 상대방이 지불한 비용을 부담할 의무도 없습니다.

-사용자의 관점

노동위원회의 구제절차는 사용자 입장에서도 민감하고 중요한 문제입니다. 부당해고 구제신청이 들어오면, 사용자는 자신의 결정이 법적으로 정당했음을 증명해야 하며, 이를 위해 노동위원회의 조사와 심리에 성실히 대응해야 합니다. 근로자의 해고를 정당화하려면 단순한 주장만으로는 부족하며, 철저한 기록과 증거 자료가 뒷받침되어야 합니다. 만약 최종적으로 부당해고 판정이 확정되면 사용자는 근로자를 복직시켜야 하며, 부당해고 기간동안 근로자가 정상적으로 근무했다면 지급했어야 할 임금 전액을 지급해야 합니다.

사용자 입장에서도 노동위원회 절차에 단점만 있는 것은 아닙니다. 노동위원회의 판정은 근로자와 사용자 간 분쟁을 신속히 해결할 수 있는 기회가 됩니다. 사법기관을 통한 소송절차는 사용자 입장에서도 금전적, 시간적, 정신적 비용 부담이 훨씬 더 큰 것이 사실입니다. 그에 반해 상대적으로 신속한 노동위원회 절차를 통해 갈등을 조기에 종결할 수 있죠.

특히 최근 노동위원회는 승패를 결정하는 '판정(심판)' 기능보다는 '합의(화해)' 기능에 더욱 집중하고 있습니다. 판정의 경우 불복하면 다툼이 이어지고 문제가 해결되지 못하지만, 합의의 경우 불복의 여지가 없고 문제가 완전히 종결되기 때문에 종국적 해결이 가능하죠. 노동위원회가 공인노무사 및 변호사를 포함해 현업에 종사하고 있는 기업체 인사 담당자 등 실무자들을 대상으로 '대안적 분쟁 해결(ADR) 전문가' 과정을 만들어 운영하고 있는 것도 같은 맥락입니다. 지방노동위원회(초심) 단계에서 합의로 사건이 종결된다면, 당사자들은 물론이고 사회적 비용까지 대폭 줄일 수 있죠.

04.
노무사의 이야기

노동법이 묻고 사람이 답하다

: 현장의 이야기들

04.
노무사의 이야기

일할 노(勞), 힘쓸 무(務), 선비 사(士). 일하는 (모든) 사람들을 위해 힘쓰는 직업 내지는 일하고 힘쓰는 사람들에 관한 일을 하는 직업 정도로 해석할 수 있겠습니다. 노무사는 노동 현장에서 벌어지는 복잡다단한 문제와 갈등 사이에서 이를 해결하고 조정하는 일을 합니다. 법과 사람 사이를 잇는 다리, 또는 회사와 근로자 사이의 완충재 역할을 하기도 합니다. 사건을 해결하기 위해 법률을 다루고, 양측의 이야기를 들어 조정하며, 때로는 현장에서 벌어지는 인간적 갈등을 중재하는 '사람의 일'을 하는 직업이죠.

물론, 항상 갈등의 중심에서만 일하는 것은 아닙니다. 오히려 일상적으로 많은 노무사들이 수행하는 업무는 자문 계약을 맺은 기업의 인사노무 자문이나 급여 및 4대보험 관리 등이죠. 각종 정부 지원금 사업 신청을 대신 해주기도 하고, 인사노무 컨설팅을 하기도 합니다. 회사에 어떤 직무가 필요하고, 어떤 사람을 뽑아야 하고, 그 사람을 어디에 배치할 것이며, 보상 수준은 어느 정도로 하고, 잘못했을 때 징계는 어떻게 하며, 다쳤을 때는 어떻게 대응해야 하는지와 같이 '사람'과 관련된 모든 일을 하는 직업이기도 합니다. 어쩌면 가장 '사람 냄새 나는' 직업이 바로 노무사일지도 모르겠습니다.

> **공인노무사법 제1조(목적)**
> 이 법은 공인노무사 제도를 확립하여 노동 및 사회보험 관계 업무의 원활한 운영을 꾀하고 사업 또는 사업장의 자율적인 노무관리를 도모함으로써 근로자의 복지 증진과 기업의 건전한 발전에 이바지함을 목적으로 한다.

법에 따르면 노무사는 '노동 및 사회보험 관계 업무의 원활한 운영'과 '사업장의 자율적인 노무관리 도모', '근로자의 복지 증진', '기업의 건전한 발전'을 목표로 하는 직업입니다. 국가와 정부의 노동 정책이나 사회보험 업무를 지원하고, 사용자의 인사노무관리를 도우며, 근로자의 복지 향상에 기여함으로써 노-사-정의 연결다리 역할을 하는 것이죠. 근로자와 사용자 간의 균형을 강조하고 있는 점이 법 조문에서도 보입니다.

노동사건의 경우에는 '이유서'나 '답변서', 그리고 '판정문'과 같은 서면으로 일의 결과물이 도출되는데요. 사실 그 서면의 이면에는 더욱 다채로운 감정과 흐름, 사람들의 호흡이 숨어있습니다. 앞에서 소개한 저의 이야기들은 사건으로 시작되고 사건으로 끝났습니다. 하지만 사건 뒤에는 늘 사람이 있고, 그 사람들과의 이야기가 사건의 전말을 더 입체적으로 만들어줍니다. 회사와 근로자, 혹은 근로자와 근로자 간의 분쟁도 결국 사람과 사람 간의 싸움이다 보니 필연적으로 감정이 개입됩니다. 그러한 감정은 싸움을 더 열심히 하도록(이기고 싶게) 만드는 동기로 작동하기도 하지만, 반대로 감정이 너무 많이 들어가면 오히려 패배의 원인이 될 수도 있습니다. 노무사는 적정 수준의 감정선을 찾아줘야 합니다. 이 마지막 장은 그런 의미에서, 사건 그 자체가 아닌 그 너머에 있는 이야기를 담고자 합니다.

4-1 법 조문 뒤에 있는 이야기

노동 분쟁은 기록과 증거, 그리고 법률적 판단으로 이루어집니다. 하지만, 사건을 자세히 들여다보면 단순히 법의 언어로는 설명되지 않는 수많은 인간적 갈등이 얽혀 있습니다. 노무사의 일은 단순히 법을 다루는 직업이 아니라, 사람을 다루는 직업입니다. 우리는 서류를 통해 사건을 읽지만, 사건의 실체는 결국 사람과 사람 사이의 이야기로 이루어져 있죠.

직장 내 괴롭힘 문제로 상담을 요청한 근로자 P씨는 외국계 회사를 다니고 있었습니다. 외국어에도 능통하고, 업무도 곧잘 했기에 이전 직장에서는 인정받았던 사람이었죠. 그런데 현재 직장에서는 사수 격인 상사가 본인을 집요하게 괴롭히고 있어서 우울증에 걸릴 정도라고 했습니다. "노무사님, 이건 직장 내 괴롭힘 맞죠? 제가 신고하면 무조건 인정될 수 있겠죠? 제가 인터넷을 많이 찾아봤는데도 잘 모르겠더라구요." P씨는 주저하면서도 확신을 바라는 듯한 눈빛으로 저를 바라보며 말했습니다.

사람들은 종종 법적인 판단을 수학 문제 계산처럼 여기는 경우가 있습니다. 수학 문제 풀듯, 어떤 입력 값을 넣으면 반드시 동일한 출력 값이 나올 것이라고 생각하는 것이죠. 하지만 현실의 노동관계는 수학 문제 풀듯 풀 수가 없습니다. 상담을 하는 것도, 글을 쓰는 것도, 판단을 하는 것도 모두 사람입니다. 정리된 사실관계는 객관적이고 구체적이겠지만, 그 사실관계를 어디에 어떻게 배치하고 어디까지 보여줄 것인가 또한 전적으로 사람이 선택합니다. 판단하는 사람도 마찬가지입니다. 그래서 최종 판단이 어떻게 될지 확신하는 것은 매우 어렵고, 위험할 수 있습니다.

"그동안 많이 힘드셨겠군요. 혹시 병원은 다니고 계신가요? 건강은 좀 괜찮으시구요?" 저는 보통 상담을 시작할 때, 괴로워하는 근로자분의 건강 상태부터 확인합니다. 사건 이전에 사람이 있습니다. 앞에 있는 내담자를 이해하지 못하면 사건도 이해할 수 없을 겁니다. 내담자를 이해하려면 현재 그 사람이 어떤 상황에 처해있는지를 알아야 합니다. 칸트가 "형식이 없는 내용은 맹목적이고, 내용이 없는 형식은 공허하다"라고 지적한 것에 빗대어보면 "노동법 없는 공감은 맹목적이고, 공감이 없는 노동법은 공허하다"라고 할 수 있겠네요. 근로자 입장에서는 빨리 답을 듣고 싶은데, 왜 갑자기 본인의 건강 상태를 물어보는 것인지 궁금하거나 답답할 수 있습니다.

하지만 제가 즉시 사실관계를 확인하기 시작하는 게 오히려 돌아가는 길일 수 있어요. 심리적으로 최소한의 신뢰나 안정이 있어야 기억 자체가 명료해지는 것도 있을 뿐만 아니라,

더 솔직해지는 효과도 분명 있거든요. 즉, 앞에서 내 말을 들어주는 사람이 내 편인지, 내 이야기를 들어주고 있는 건지 알 수 없다면 자기도 모르게 기억을 편집해서 내보낼 수 있다는 겁니다. 그리고 한 번 그렇게 시작해버리면, 이후에 본인의 말을 뒤엎는 건 정말 어렵습니다. 기억이 잘못됐다고 정정하는 건 우리 편이라는 확신이 들어도 쉽지 않거든요.

P씨는 15분 동안 현재 회사에 입사하게 된 계기부터 어떤 일을 하고 있으며, 그 일에 만족하는지, 동료들과의 평소 관계는 어떤지, 해당 상사와의 소통은 어떻게 이루어지는지 등을 자세하게 이야기해줬습니다. 얼핏 보면 상담 요청한 행위와는 관련이 없는 이야기들이죠. 친구들과 카페에서 근황을 나누며 수다 떨 때나 할 법한 이야기들일지도 모릅니다. 그러나 이런 이야기들을 하면서 P씨의 표현은 한결 자연스러워지고 편해졌습니다. 처음의 근심걱정 가득한 표정도 어느 정도 풀리고, 평상시 말투도 조금씩 나오기 시작합니다.

짧은 시간이지만 최소한의 상호신뢰(Rapport)가 형성되면 사실관계 확인은 훨씬 수월해집니다. 사건 해결에 필요한 내용들을 직접적으로 물어보기 시작하죠. 그때는 다소 직설적이거나 날카로운 표현이 가끔 나와도, 내담자가 움츠리지 않습니다. "P씨를 괴롭히는 상사와 싸우거나 다툰 적은 없었나요? 상사가 왜 P씨를 싫어하고 괴롭힌다고 생각하시나요?"와 같은 질문은, 상호신뢰가 없는 상태에서 하면 솔직한 답변을 듣기 힘들 겁니다.

P씨는 최초 상담 이후에도 3번 더 상담을 받았습니다. 사실, 법적으로 따지고 들어가면 근로기준법상 직장 내 괴롭힘으로 인정되기는 어려운 상황이었습니다. P씨의 관점에서 자세한 사실관계를 들어봐도 업무상 필요성을 초과했다고 단정하기가 어려웠거든요. 하지만 P씨가 정신적으로 상당한 고통을 받고 있는 것은 사실이었고, P씨에게 다른 악의가 있는 것도 아니었습니다. 이런 회색지대가 바로 법의 울타리 인근에 있지만 그 선을 넘지는 않는, '애매한' 영역인 것이죠. P씨는 상담이 끝날 때마다 "그래도 이렇게 털어놓는 것만으로도 억울함이 많이 해소되네요. 정말 어디 가서 얘기할 수도 없고, 이게 법적으로 문제가 있는 건지 없는 건지조차 잘 모르니까 너무 답답했거든요. 혼자만 속으로 앓다 보니 더 스트레스 받았던 것 같습니다."라는 이야기를 했습니다.

비약일지 모르겠지만, 이런 이야기를 들을 때면 생각나는 판례가 있습니다. 제가 가장 좋아하는 판결문인데, 사람 냄새가 물씬 풍기기 때문인 것 같습니다. AI가 과연 이런 판결문을 쓸 수 있을까요?

울산지방법원 2019. 12. 4. 선고 2019고합241 판결

현대인에게 있어 자살은 전 세계적으로 심각한 문제이고, 특히 우리나라에서는 대단히 중대한 사회 문제다. 그 사회경제적 손실을 떠나 우리 주변의 다정한 누군가가 갑작스럽게 증발함으로써 그의 부재 뒤에 남겨진 사람들의 충격과 슬픔, 고통은 이루 말할 수 없다. 스스로 생을 마감한 누군가의 가족과 이웃이자 같은 시민으로서 우리의 책임과 역할이 무엇인지 자문해 보지 않을 수 없다.

자살을 막으려는 수많은 대책과 구호가 난무한다. 그러나 생을 포기하려 한 이의 깊은 고통을 우리는 제대로 공감조차 하기 어렵다. 이해하기 힘들지만, 밖에서 보기에 별 것 없어 보이는 사소한 이유들이 삶을 포기하게 만들듯, 보잘것없는 작은 것들이 또 누군가를 살아있게 만든다. 삶과 죽음은 불가해한 것이다. 어스름한 미명과 노을이 아름다워서, 누군가 내민 손이 고마워서, 모두가 떠나도 끝까지 곁을 지켜준 사람에게 미안해서, 이 험한 세상에서 지금껏 버텨온 자신이 불쌍하고 대견해서, 우리는 살아가고 있는지 모른다. 비록 하찮아 보일지라도 생의 기로에 선 누군가를 살릴 수 있는 최소한의 대책은, 그저 그에게 눈길을 주고 귀 기울여 그의 얘기를 들어주는 것이 아닐까 하는 생각이 든다. 지상에 단 한 사람이라도, 자신의 얘기를 들어줄 사람이 있다면, 그러한 믿음을 그에게 심어 줄 수만 있다면, 그는 살아갈 수 있을 것이다. 왜냐하면 그의 삶 역시 사회적으로 의미 있는 한 개의 이야기인 이상, 진지하게 들어주는 사람이 존재하는 한, 그 이야기는 멈출 수 없기 때문이다.

사람이 사람에게 할 수 있는 가장 잔인한 일은, 혼잣말하도록 내버려 두는 것이다.

비단 P씨 뿐만 아니라, 이야기를 들어주는 것만으로도 많은 도움이 되었다며 문제가 해결됐다고 말씀해주는 분들이 의외로 많습니다. 법은 결국 인간이 만들어낸 것이고, 사람의 삶을 규율하기 위해 존재하는 도구입니다. 하지만 사람들은 종종 법이라는 이름 아래에 자신의 이야기를 포장하거나, 오히려 그 법이 자신을 이해하지 못한다고 느끼는 순간도 많습니다. 그럴 때 노무사는 단지 법을 해석하고 적용하는 전문가로 머물러서는 안 됩니다. 사람과 사람 사이에서 그들의 감정을 읽어내고, 그들의 이야기를 이해하는 중재자가 되어야 합니다.

노무사의 일은 감정적으로 매우 고된 직업이기도 합니다. 때로는 근로자의 눈물을 보고, 사용자의 답답함을 들으며, 갈등의 중간에 선 우리의 역할이 무겁게 느껴질 때도 있습니다. 하지만 그 속에서 깨닫는 것은, 우리가 하는 일이 단순히 사건을 해결하는 데 그치지 않는다는 점입니다. 우리는 법의 이름으로, 그러나 사람의 마음으로 이야기를 풀어나가는 직업입니다.

P씨의 사건은 한 가지를 가르쳐줍니다. 법은 엄정해야 하지만, 그 법을 다루는 사람은 따뜻해야 한다는 점입니다. 우리가 다루는 사건들은 단순히 법적 판단이 아니라, 그 사건 너머에 있는 사람들의 이야기를 이해하고 존중하는 데서 시작합니다. 그리고 의외로 시작점을 잘 찾기만 해도 문제가

해결될 수 있습니다.

모든 사건이 법적인 판단을 받아야 하는 것은 아닙니다. 법적인 판단이 모든 문제를 일거에 해결해주지도 못합니다. 그렇기 때문에 노무사가 모든 걸 해결해 줄 수도 없습니다. 하지만 적어도 누군가에게는 "내 이야기를 들어주는 사람이 있었다"는 기억으로 남을 수 있다면, 그것만으로도 제 역할과 직업은 충분히 가치 있다고 믿습니다.

4-2 승리와 패배 사이

하지만 의뢰인이 끝내 법적인 판단을 원하는 경우도 많습니다. 또는 법적인 판단이 아니면 문제가 해결되지 않는 경우도 많습니다. 그럴 때면 저희는 결국 의뢰인을 대신해 싸워야 하고, 성과는 결과로 평가받습니다. "이겼다"거나 "졌다"는 두 단어로 사건의 모든 것이 압축되고, 그 과정은 종종 생략된 채 누군가의 승리와 누군가의 패배만이 남습니다. 하지만 그 결과를 만들어내는 동안, 노무사들은 법적 판단만큼이나 사람과 사람 사이의 복잡한 감정을 마주합니다. 일이 끝난 뒤에도 그 감정의 여운은 쉽게 가시지 않죠.

"과연 이 사건에서 나는 최선을 다했는가?" "의뢰인을 위한 최선의 결과였는가?" 사건 하나하나마다 이러한 질문이 떠오릅니다. 사람들은 결과만을 기억하지만, 대리인은 그 결과가 나오기까지의 과정과 선택의 무게를 함께 짊어져야 합니다. 특히 노동위원회 사건처럼 승패가 명확히 나뉘는 경우라면 더욱 그렇습니다. 판정문에 기록된 한 문장은 그 사건의 종결을 의미할 수는 있지만, 그 과정에서 우리가 만났던 사람들과의 이야기는 문장에 담기지 않습니다.

판정 결과가 문자로 오는 심문회의 당일 저녁 8시, 승리와 패배로 나뉘는 그 순간은 참으로 선명하지만, 그 결과에 이

르기까지의 과정은 어딘가 흐릿한 것도 그래서 일까요. 승패라는 명확한 결과 뒤에는 각자의 정의가 있습니다. 의뢰인의 승리에도, 상대방의 패배에도 그들의 서사는 지워지거나 멈추지 않습니다. 판정문은 법적 정의를 말할 수 있지만, 그 정의가 감정과 이야기를 담아 내기는 어렵습니다.

어떤 날은 승리감에 젖어 들기도 합니다. "노무사님 덕분입니다. 정말 감사합니다."라는 말을 들을 때면 피곤했던 밤과 긴 시간의 고민이 보상받는 기분이 듭니다. 하지만 또 어떤 날은 제가 돕지 못한 누군가의 무거운 뒷모습이 내내 머릿속을 떠돕니다. 사건의 패배 결과를 전달하는 통화에서, 의뢰인이 담담히 이런 말을 하기도 합니다. "노무사님, 고생하셨어요. 질 걸 알면서도 한 번은 싸워보고 싶었어요. 끝까지 같이 싸워 주셔서 감사합니다." 졌음에도 그는 담담했고, 오히려 제게 고마워했습니다. 그럴 땐 '우리는 정말 진 걸까? 아니면 의뢰인의 마음속에 무언가를 남겼다면 그걸로 충분한 걸까?' 하는 생각이 들기도 합니다. 반대로, 사건을 이겼는데도 불구하고 의뢰인의 태도가 달라지는 경우도 있습니다. 보통은 '성공보수' 때문이죠. 화장실 들어갈 때와 나올 때 마음이 다른 것처럼요.

노동 문제는 사람들의 생계와 자존심이 걸린 문제입니다. 그래서 한 번 시작된 분쟁은 결코 단순하게 끝나지 않습니다. 누군가의 몇 달치 월급이, 누군가의 자존심과 명예가, 누군가의 일생이 그 안에 녹아 있습니다. 하지만 때로는 법의 영역만으로 해결되지 않는 질문들이 있습니다. 법은 누가 옳고 그른지 판단할 수는 있지만, 누가 더 고통스러웠는지를 설명하지는 못합니다. 법은 위법과 적법을 나눌 수 있지만, 누군가의 눈물을 직접 닦아줄 수는 없습니다. 때로는 법의 정의가 삶의 정의와 어긋날 때도 있습니다. 제가 아무리 최선을 다해서 이유서나 답변서를 작성해도, 그 서면이 의뢰인의 감정과 맥락까지 온전히 담아내기 어렵다는 사실이 답답할 때도 있습니다.

어쩌면 진실은 해석 속에서만 존재할지도 모릅니다. 사건의 진실은 몇 장의 판정문으로 정리되지만, 그 이전에 의뢰인의 삶, 사용자의 결정, 동료들의 증언 속에서 끝없이 해석됩니다. 조용한 밤, 몰입해서 열심히 서면을 쓰다가 종종 스스로 묻기도 합니다. '법이 내리는 판단이 모든 진실을 담을 수 없다면, 나는 **어떤** 이야기를 기억해야 할까?' 제가 인문학도라서 그런지도 모르겠습니다. 마음이 가는 이야기와 승패가 항상 같이 가지는 않습니다.

승리와 패배는 그 자체로 강렬한 언어입니다. 그러나 그것이 모든 것을 설명하지는 못합니다. 승리 뒤에도 마음의 상처를 안고 살아가는 사람들이 있고, 패배 속에서도 안도와 감사의 마음을 품는 사람들이 있습니다. 대리인으로서 제가 할 수 있는 일은 단순히 승리와 패배의 결과를 만들어내는 것이 아니라, 그 사이에서 사람의 이야기를 잊지 않는 것입니다. 이야기가 없는 일은 무미건조할 수밖에 없습니다.

어쩌면 노동법률 전문가이면서도 상담자인 저희는 의뢰인의 조력자일 뿐 아니라, 그들의 고백을 들어주는 최초의 목격자일지도 모릅니다. 사건의 전말을 파악하는 것도 중요하지만, 그들의 말 속에 담긴 맥락과 미묘한 감정을 읽어내는 것이 더 중요한 이유도 여기에 있죠. 법적인 해석은 일견 명료할 수 있지만, 그 해석이 어떻게 의뢰인의 상황과 감정에 적용될지는 전혀 다른 문제이기 때문입니다. 저희는 조력자로서 그들의 말을 정리하고, 법의 틀 안에서 그들에게 가장 유리한 방향을 찾지만, 그 과정을 통해 법적 해결뿐만 아니라 현실적으로 실행 가능한 길을 제시할 필요도 있습니다.

4-3 현장에서 숨쉬는 노동법과 노무사의 역할

법은 그 자체로 완벽하거나 절대적인 것이 아닙니다. 법은 사람들을 위해 존재하며, 그 본질은 인간의 존엄과 권리를 보호하는 데 있습니다. 노동법은 특히 그러합니다. 고대부터 법은 권력자와 약자 사이의 균형을 맞추기 위한 도구로 발전해왔습니다. 그 중에서도 노동법은 근로자라는 상대적 약자의 권리를 보호하면서도, 자본주의 경제체제의 유지 및 발전과 함께 갈 수 있는 길을 모색하면서 탄생했습니다. 노동법의 두 기둥인 근로기준법과 노동조합법의 목적은 다음과 같습니다.

> **근로기준법 제1조(목적)**
> 이 법은 헌법에 따라 근로조건의 기준을 정함으로써 근로자의 기본적 생활을 보장, 향상시키며 균형 있는 국민경제의 발전을 꾀하는 것을 목적으로 한다.
>
> **노동조합 및 노동관계조정법 제1조(목적)**
> 이 법은 헌법에 의한 근로자의 단결권·단체교섭권 및 단체행동권을 보장하여 근로조건의 유지·개선과 근로자의 경제적·사회적 지위의 향상을 도모하고, 노동관계를 공정하게 조정하여 노동쟁의를 예방·해결함으로써 산업평화의 유지와 국민경제의 발전에 이바지함을 목적으로 한다.

두 법 모두 '국민경제의 발전'이 목적임을 빠뜨리지 않고 있죠. 물론 노동법이 항상 이상적으로 작동하지는 않습니다. 국민경제의 발전을 위한 판단이 과연 어떤 것인지는 각 사건마다 다를 수밖에 없습니다. 법적 판단이 이루어지는 시점에서는 향후의 파장이 어느 정도일지 예상하기 어려울 수도 있죠.

2013년과 2024년에 각각 나온 '통상임금'에 대한 대법원 전원합의체 판결도 흥미롭습니다. 대법원은 2013년에는 전원합의체를 통해 통상임금의 여부를 판단할 때 '소정근로의 대가'와 '정기성', '일률성' 외에도 '고정성'이라는 개념이 인정되어야 한다고 봤습니다. 당시 해당 판결을 두고 학계나 실무계에서는 논란이 많았습니다. 근로기준법 시행령에서는 통상임금을 다음과 같이 정의하고 있었기 때문이죠.

> **근로기준법 시행령 제6조(통상임금)**
> ①법과 이 영에서 "통상임금"이란 근로자에게 정기적이고 일률적으로 소정(所定)근로 또는 총 근로에 대하여 지급하기로 정한 시간급 금액, 일급 금액, 주급 금액, 월급 금액 또는 도급 금액을 말한다.

근로기준법 시행령 상 통상임금에는 '고정성'이라는 요건이 없습니다. 물론 이러한 경우에도 입법취지나 목적, 법적 정의를 실현하기 위해, 법원이 적극적인 법 해석을 할 수도 있습니다. 하지만 과연 통상임금의 범위를 확정하는 데 있어

추가적인 요건을 법원이 창설하는 것이 적절한지, 법적 안정성 및 예측 가능성을 초월할 정도의 필요가 있었는지 등을 두고 비판의 대상이 되었죠. 문제는 해당 판결이 나온 뒤 거의 모든 사업장에서는 너도나도 수당에서 '고정성'을 제거해 근로자들의 통상임금을 손쉽게 낮출 수 있었습니다.

실무적으로는 특정 수당에 '재직자 조건(지급일 현재 재직중인 자에게만 지급한다)이나 재직일수 조건(매월 0일 이상 재직한 자에게만 지급한다)'만 있으면 고정성이 부정되었습니다. 근로자가 그러한 조건을 성취할 수 있을지 여부를 사전에 알 수 없기에, 해당 수당에는 고정성이 없고 따라서 통상임금에서도 제외된다는 논리였죠. 이로 인해 사용자는 각종 수당에 재직자 조건이나 재직일수 조건을 추가함으로써 근로자의 통상임금을 낮게 책정할 수 있고, 이는 연장·야간·휴일근로 가산수당 및 연차유급휴가수당과 같은 통상임금을 기준으로 산정되는 임금 항목에서 사용자에게 유리하게 작용하게 됩니다.

그렇게 2013년 대법원 전원합의체가 제시한 통상임금 요건으로서의 '고정성'은 10년이 넘는 시간 동안 노동 현장을 규율했습니다. 수많은 사업장에서 통상임금을 높이지 않으면서도 수당을 지급하는 방법을 활용했죠. 물론 이러한 방법이 옳지 않다거나, 반드시 근로자에게 불리한 결과를 초래한다고 볼 수는 없습니다. 사용자 입장에서는 법리에 따라 적법하면서도 효율적인 임금체계를 설정하는 방법일 뿐입니다. 또한 오히려 특정 수당을 신설하더라도 통상시급 인상에 따른 추가 비용 부담이 없어, 근로자 입장에서도 다양한 수당을 통해 실질 소득이 증가하는 결과를 가져올 수 있습니다.

그런데 2024년 대법원 전원합의체는 다음의 5가지 이유를 들며 기존의 통상임금 판단 법리를 완전히 바꿔버렸습니다. '고정성' 요건을 삭제해버린 것이죠.

> **대법원 2024. 12. 9. 선고 2020다247190 판결**
> 2013년 전원합의체 판결이 말하는 '임금의 지급 여부나 지급액이 사전에 확정'될 것을 의미하는 고정성 개념은 법령의 어디에도 근거가 없다.
>
> 첫째, 통상임금은 법적 개념이므로 원칙적으로 법령상 정의에 충실하게 해석해야 한다. (법령 부합성)
> 둘째, 통상임금은 강행적 개념이므로 당사자가 법령상 통상임금의 범위를 임의로 변경할 수 없어야 한다. (강행성)
> 셋째, 통상임금은 소정근로 가치를 온전하게 담아낼 수 있는 개념이라야 한다. (소정근로 가치 반영성)
> 넷째, 통상임금은 사전에 명확하게 산정될 수 있어야 한다. (사전적 산정 가능성)
> 다섯째, 통상임금 개념은 연장근로 등의 억제라는 근로기준법의 정책 목표에 부합하여야 한다. (정책 부합성)

새로운 판례가 나오면서, 기존의 수많은 사업장에서 사용하던 재직자 조건이나 재직일수 조건을 활용해 통상임금에서 제외하던 방법은 이제 더 이상 효력이 없게 되었습니다. 이러한 법리의 변경이 국민경제의 발전 차원에서 장기적으로 어떤 영향을 줄지는 확언할 수 없습니다. 판결을 바라보는 사람마다, 각기 다른 생각을 할 수 있습니다. 하지만, 2013년의 판결보다는 분명 2024년의 판결이 법 조문에 보다 충실한 해석이면서 동시에 근로기준법의 목표에도 더 부합하는 판결임은 부정할 수 없을 것 같습니다.

이처럼 노동현장에서 중요한 판례 법리가 변경되면, 노무사도 한결 바빠집니다. 법리 변경을 빠르고 쉽게 자문사에 안내하는 것은 기본입니다. 필요한 경우 사업장의 형태나 규모, 경영 상황에 맞게 임금 체계를 새롭게 설정하거나 일부 수정하는 컨설팅을 수행하기도 합니다. 법은 시대와 함께 변화하며, 변화하는 사회적 요구를 반영합니다. 하지만 그 변화의 최전선에서 이를 해석하고 적용하며 사람들과 만나는 것은 결국 노무사의 몫입니다. 대법원의 판례 변경은 추상적인 원칙을 구체적인 삶 속으로 끌어내리는 일종의 신호탄과도 같습니다. 그리고 노무사들은 그 신호를 따라, 노동 현장에서 숨 쉬는 법의 새로운 방향을 찾아갑니다.

2024년 대법원 전원합의체 판결 이후, 사용자의 입장에서는 법리 변화가 경영 비용에 미칠 영향을 예측하고, 가능한 대안을 찾아야 합니다. 반면 근로자의 입장에서는 새 판례에 따라 임금 체계가 어떻게 변할지, 혹은 이전에 놓쳤던 권리를 다시 되찾을 수 있을지에 대한 관심이 커졌습니다.

노동법은 단순히 근로자를 보호하거나 사용자를 제재하는 법이 아닙니다. 근로기준법 제1조와 노동조합법 제1조가 명시하듯, 근로자의 기본적 생활을 보장하고 국민경제의 발전을 도모하는 균형의 법입니다. 이 균형은 한쪽으로 치우치지 않은 상태에서 사람들 각자의 삶을 가능하게 합니다. 그런데도 균형을 잡는 일은 쉽지 않습니다. 현실은 언제나 복잡하고, 법은 그 현실의 모든 면을 담아내기엔 때로 부족하기 때문입니다.

노무사의 역할은 단순히 노동 판례를 해석하고, 법적 조언을 제공하는 것에 그치지 않습니다. 노무사는 법을 통해 사람과 연결됩니다. 근로자가 자신의 권리를 알지 못해 고통받을 때, 우리는 그들에게 법을 설명하며 힘을 실어줍니다. 사용자가 새로운 법리를 적용하며 혼란스러워할 때, 우리는 그들이 안정적으로 변화를 수용할 수 있도록 돕습니다.

노무사라는 직업은 결국 사람을 중심에 두고, 법과 현실의 간극을 메우는 다리 역할을 합니다. 한 사업장에서 근로자와 사용자 모두의 이야기를 듣다 보면, 양측 모두가 법의 보호 아래서 자신의 입장을 이해 받길 바란다는 공통점을 발견하곤 합니다. "정당한 이유 없는 해고를 피하고 싶습니다." 혹은 "임금 체계를 유지하면서도 법적으로 안전하고 싶습니다."라는 이야기들은 결국, 법의 언어 속에서 사람들의 삶과 생계, 그리고 존엄성을 보호하려는 본능입니다.

결국 살아있는 노동법이란, 단순히 책 속에 갇힌 법리가 아니라 사람들의 삶 속에서 실현되는 법을 뜻합니다. 판례가 변화하고, 법률이 개정되며, 새로운 상황이 나타날 때마다, 노무사는 그 변화의 최전선에서 사람들과 함께 문제를 풀어 나갑니다.

저 또한 앞으로 계속해서 성장해 나가야 합니다. 노동법의 변화에 민감하게 반응하고, 공부하면서도 함께하는 사람들의 감정을 놓치지 않아야 합니다. 실력 있는 노무사가 반드시 돈을 많이 버는 것은 아니라고 생각합니다. 반대로 돈을 많이 버는 노무사가 반드시 실력 있는 것도 아니라고 생각합니다. 자본주의의 맹점이죠. 하지만, 어찌됐든 저는 실력 있는 노무사가 되고 싶고, 되기 위해서 계속해서 나아갈 생각입니다.

최규석 작가님의 '송곳'에는 "서는 데가 바뀌면 풍경도 달라지는 거야"라는 말이 나옵니다. 이 말처럼, 제가 서 있는 위치와 시선이 달라지면 제가 마주하는 세상도 달라질 겁니다. 그래도 저는 저를 믿는 사람들의 이야기를 들어주고, 함께하며 살아가고 싶습니다. 서 있는 곳이 바뀌더라도, 제가 바라보는 방향은 흔들리지 않았으면 좋겠습니다.

끝.

노동법이 묻고 사람이 답하다
: 현장의 이야기들

초판발행	2025년 03월 24일
지은이 l	옥동진
디자인 l	이나영
발행처 l	주식회사 필통북스
출판등록 l	제2019-000085호
주소 l	서울특별시 관악구 신림로59길 23, 1201호(신림동)
전화 l	1544-1967
팩스 l	02-6499-0839
홈페이지 l	http://www.feeltongbooks.com
ISBN	979-11-6792-208-3 03360

ⓒ 옥동진 2025

정가 18,000원

지혜와지식은 교육미디어그룹
주식회사 필통북스의 인문학적 임프린트입니다.

- 이 책은 저자와의 협의 하에 인지를 생략합니다.
- 이 책은 저작권법에 의해 보호를 받는 저작물이므로
  주식회사 필통북스의 허락 없는 무단전제 및 복제를 금합니다.